ちくま新書

「野党」論
——何のためにあるのか

吉田 徹
Yoshida Toru

1195

「野党」論——何のためにあるのか【目次】

「私を殺さないものは、私をいっそう強くする――」

フリードリッヒ・ニーチェ『偶像の黄昏』

はじめに

「野党は共闘！」――集団的自衛権を認める安全保障法案が、参議院本会議で可決された二〇一五年九月一九日の未明、数万人にもおよぶ国会前の人々の声が、議会にも鳴り響きました。「ヤトウ・ハ・キョウトウ」と、韻を踏んだスローガンは確かに耳触りがよいかもしれません。

もっとも、ここに出てくる「野党」とは一体、何なのでしょうか。

この文脈では、安保法制を進めた「自民党」と「公明党」以外の政党ということになるのかもしれません。

それでは、自民党と公明党以外で安保法案に賛成していた党は、野党ではないということになるのでしょうか。

あるいは、安保法案に反対することが、野党であるための条件ということになるのでしょうか。

安保法案には賛成するけれども、当初案に盛り込まれていた運用規定や条項に反対していた党があったとして、それは与党でしょうか、野党でしょうか。

これは単に頭の体操ではなく、安保法制策定の過程で実際に見られた、様々な政党の立場です。

実は「野党」が何を指し、何を意味するかという問いに答えるのは、思うほど簡単なことではありません。政府の方針に反対するのが野党なのか。内閣を構成しない政党すべてが野党なのか。国会に議席を持たない政党は野党ではないのか。

「野党」という存在に、かつてないほど関心が集まりながらも、野党が実際に何であるのかについては、さほど突き詰めて考えられてきたとは言えません。

神川信彦という政治学者は、二〇世紀前半はありとあらゆる政治が行動に結びついていったのに対して、平和な二〇世紀後半は、ありとあらゆる政治がシンボルに結びついていった時代だ、としています。また、そこではその言葉が持つ正負のイメージばかりが先行して、語の厳密な定義が専門家の間でも共有されにくいと指摘していました。彼はその上で、「現代の政治的混沌が、言語の堕落と不可分の関係にある」という、文人ジョージ・オーウェルの言葉を印象深く引いています。

野党はだらしがない、野党はもっとしっかりしてほしい、野党は反対してばかり、野党は党利党略ばかり——野党に対しては否定的なことしか言われません。その責任の半分くらいは野党の側にあるかもしれません。しかし、野党がだらしなく、しっかりできず、党利党略で動いているように見えるのは、野党が何であるのかについて、はっきりと納得のいく説明と定義がなされていないからかもしれません。そうだとすれば、ただでさえ混沌としている政治に、さらなる混乱の種を撒くことにしかなりません。

そこでこの本では、なぜ野党はかくも捉えがたいのか、また頼りなく見えるのか、それにもかかわらず、なぜそれは民主主義において不可欠の存在なのか、何のためにあるのかを、丁寧に説明していきたいと思います。

結論を言ってしまえば、野党とは特定の政党ではなく、民主政治における機能と役割に還元されるものです。それは汲み尽くせぬ「民意の残余」を政治的に表出するものであり、このような「野党性」が発揮されることで、むしろ民主政治は安定し発展するのです。

序章では、そもそも野党とはどのようなものなのかを確認します。第一章では、野党を民主政治の場においた場合、どのような機能と役割を発揮することになるのかを見てみます。第二章では、日本において五五年体制およびポスト五五年体制下の野党がどのような変遷を経てきたのかを具体的に確認します。続く第三章では、イギリス、ドイツ、フランス、アメリカ、スイスなどの野党と野党性がどのようなものか、比較の観点から見ることとします。以上を通じて確認できた、「抵抗型野党」から「政権交代型野党」への進化の次に「対決型野党」が求められるようになるなかで、それがどのようなもので、そこでの与野党間の対立軸と争点がどのようなものになるのかを予測してみたいと思います。

ご一読いただければ分かりますが、この本は「あの政党はいい、この政党はダメだ」といったことを論じるのが目的ではありません。そうではなく、野党と呼ばれてきた、あるいは現に呼ばれている存在が、どのような経緯、理由、目標、戦略でもって、民主政治の中を歩み、変遷を遂げてきたのかを、様々な理論や国の事例を借りて説明するものです。いうなれば、「野党」という存在を固有名詞で語るのではなく、その機能から明らかにしようとするのが本書です。

本の中でも何度か参照している、現代政治学の礎を作ったロバート・ダールという政治学者は、野党とは、議会制民主主義と普通選挙権に並ぶ、民主主義の三大発明の一つだと言っています。

もちろん野党は、政治において有用なツールの一つに過ぎません。それでも、民主主義にあって野党がなぜ発明されねばならなかったのかを知っておくことは有益です。民主主義の長い歴史において、この貴重な発明品をどう使いこなすか、それは主権者一人ひとりの「これから」にかかっています。この小著が、少しでもそのための指針になればと願っています。

序章

何のための野党か？

†野党の三つの機能

「野党」とは何でしょうか？　何といっても「野党」は「与党」とセットになっているものです。当たり前かもしれませんが、与党がなければ野党もないし、野党があってはじめて与党という存在が成り立ちます。「与野党」という言い方があるように、この二つはセットになっています。

では与党と野党の最大の違いは何か。

まず、与党とは、文字通り権力に「与《あずか》っている党」のことです。対する野党は、これも読んで字のごとく「在野にある党」のことです。野党という言葉は、もともと明治時代に、「在野の党」とか「在野にある党」という言い方がなされていて、そこから派生してきたと言われています。

ここで押さえておくべきことは、与党にしても、野党にしても、それが政治の中で「いかにあるか」という存在ではなく、「どうあるのか」という、機能面から導き出され、定義されるものであることです。野党とは「存在」というよりも「役割」です。ですから、野党のみならず、与党を理解するためにも、まずは民主主義や政党政治がどのように作動するかを述べておかなくてはなりません。

政治制度としてみた場合、民主主義とは、権力の座を暫定的に空白にしておいて、その中身を定期的に入れ替えるシステムです。簡単に言ってしまえば、定期的に行われる選挙を通じて民主的に選ばれた代表のまとまりが、一定期間、統治する権力に与《あずか》れることを特徴としています。つまり、選挙を通じて、有権者は民意を特定の政治勢力に負託する。このとき、負託に与れなかったのが、すなわち、野党ということになります。

それでは、この野党は、与党となった政治勢力に対する単なる「負け組」なのか。そうとは言い切れない面があります。後でも触れますが、野党を英語では「オポジション」と言います。「オポジション」とは原義では「反対勢力」のことです。

つまり、民主主義で野党に期待される役割とは、まずは権力に与っている与党に対し異議申し立てをすることなのです。与党が法や倫理に反するような権力行使をしていないかどうか、様々な少数派の不利益になることをしていないかどうか、つまり適切な権力の用い方をしているかをチェックすることが、野党の果たさなければならない、第一の機能です。

野党の第二の機能として、争点を明確化するということが挙げられます。つまり、与党が推し進めようとする政策に何か問題が生じたときに、それとは別の方法で目的を達成することはできないか、できるとすればそれはどのようにしてか、そもそも、政策が達成しようとするその目的は正しいのかどうか。正しくないとすれば、いかなる目標がより適切なのか。そうした政治的な目的や課題にまつわることを争点化して有権者に問う役割、つまり「政治的争点を可視化」することも、野党が担うことのできる役割です。

野党が果たす機能と役割の三つ目は、「民意の残余」を代表するというものです。与党がいくら国民からの負託を得ているといっても、それは選挙を通じて人為的に形成された一時の民意の結果であって、それがすべての民意を汲み取っていることの保証にはなりません。選挙の結果であるがゆえに、与党には代表し得ない民意が必ず残ります。いかなる与党であっても、そのことに変わりはありません。この汲み尽くし得なかった残余を政治的に代表することも、野党にとっての大切な役割となります。

†野党はユビキタスな存在?

主に議会で政府と対峙する「野党」のことを英語で「パーラメンタリー・オポジション(parliamentary opposition)」と言ったりします。これはフランス語でもイタリア語でもドイツ語でも同じです。逐語的に訳せば、「議会での反対勢力」。単にオポジション、あるいは複数形でオポジションズと言うこともあります。

このように、野党の機能だけに着目すれば、実は特定の権力の行使に対抗するものすべてがそこに含まれ得ます。それで言うと、二〇一二年に生まれた日本の自民党と公明党の連立政権下で、自民党が特定秘密保護法や安保関連法案を成立させようとしたとき、公明党側が問題点を指摘したり、部分修正を迫ったりしましたが、この局面において公明党は、オポジションの機能を果たしていたとも言えます。こうして機能だけに着目すれば、野党は偏在的（ユビキタス）な存在と言えます。

戦後政治学の礎を築いたロバート・ダールは、民主主義においては多元性の確保こそが重要だと指摘しています。ここで言う「多元性」とは、表現の自由などによって担保される意見の多様性という意味だけでなく、政党や結社、オピニオン・グループなどのさまざまな集団の活動が保障されていることも意味しています。この多元性を担保することによって、野党は民主主義の多元的な側面を確保しているとも言えるのです。

つまり、一言で野党といっても、狭い意味でのそれなのか、広い意味でのそれなのかで、その意味内容が異なってくる。国会などの議会に限定すれば、パーラメンタリー・オポジションのことですから、その議会において多数の議席を持っておらず、権力を行使する権利を持っていない政党のことになります。ただ、その意味を広く取れば、議会に議席がなくても、オポジションとして存在することは可能です。

権力に対するチェック・アンド・バランスという意味では、たとえばアメリカ合衆国の司法はオポジションとしての役割を果たしているとも言えます。合衆国憲法に照らして、時の政権の判断が合憲か違憲かを裁定し、権力行使のあり方をチェックするからです。

またドイツでは、連邦議会（下院に相当）と連邦参議院（上院に相当）のうち、連邦参議院議員は日本と違って、直接に選挙では選ばれません。ドイツは連邦国家であり、連邦参議院は、各州政府の代表が集う場です。ですから、ドイツ連邦議会の決定を連邦参議院が独自に判断して、ストップをかけることもあります。このことからすれば、上院がオポジションとして機能することもあるわけです。

こうしてオポジションの外縁を広げていくと、社会運動もこの中に入ってきます。時の政権のみならず、国会に議員を送り込んでいる野党に対して、あるいは力を持つ利益団体や企業などに対して、市民が組織を形成し、デモやボイコット、ストライキなどの手段を用いて抗議することがありますが、議会の外、つまり院外でのこうした活動も、民主主義における広義のオポジションと言えるでしょう。

日本語で言う「野党」は、その語感から、「オポジション」としての機能や役割よりも、「野党」という政党の存在をどうしても連想しがちです。それもあって、院外での社会運動をオポジションと見なすことはあまりないかもしれません。しかし、二〇一五年の安保関連法案が成立する過程で、院外ではSEALDsに代表される多くの市民・活動団体が反対運動を展開し、議会の中、つまり院内では民主、維新、社民、共産など各党が反対を主張したように、院内と院外が手を結んで異議申し立てを行うケースもあります。このようなケースは日本以外でも一般的な光景となっていますが、これなどはまさに広い意味でのオポジションのあり方といえるでしょう。

†野党をめぐる逆説とは？

さて、先に見たように、民主的な政府とは、選挙を通じて多数派を形成した党派が、国民の負託を受けて、法律・政策の立案と実施の主体となったものを指します。選挙で勝利を収めることが、政府であることを担保します。その正当性に揺らぎが生じた時、何らかのかたちで、民主政治内での「野党性」とでもいえる性格が顔を覗《のぞ》かせることになります。ここで言う「野党性」とは、権力の主体（政府与党）が実現したいと思うことに対して、それを様々な方法と手段でもって変化、修正、妨害させる力のことを指します。

言い換えると、同質性の高い政治社会にあっては、野党性が生じる蓋然性は低くなってきます。同質性が高いということは、その政治社会が多元的である必要性がないということですから、その分、野党性を発揮する余地もあまりない。その反対に、コンセンサスの度合いが低く、それゆえに多元性を高くすることが求められる政治社会であれば、さまざまな形で野党性が顕在化することになります。先のダールの言葉を使えば、その社会に「嘆きの重荷」がどれだけあるかに応じて、野党性の強度は変わってきます。その政治社会が高度に分裂していて、多元性が非常に高ければ、いたるところで野党性が出てくることになるのです。

これに関連して、政治学者のジョヴァンニ・サルトーリは、野党の役割として「政治的なマイノリティの権利の擁護」を挙げています。ここで言う「政治的なマイノリティ」とは少数民族や社会的弱者のことだけではなく、選挙の結果、多数派を形成しえなかった有権者たちや主権者のことも意味しています。そうした彼ら彼女らの権利を守ることが、野党の重要な役割の一つとなります。

このことは、野党が、社会の部分利益をきちんと受け止めて、議会というアリーナを通じて政府に伝達しなければ、その政治社会は分裂状態を解消できないことを意味します。こうしてみると、野党は時の権力に対抗するという消極的な機能だけでなく、政治的マイノリティを代表し統合することによって、民主主義の一体性を維持・実現していくという、積極的な機能も有しているということになります。

大局的な観点から言えば、国や社会が分裂しないまま野党性が発揮できているということは、多様な民意が政府に反映されているということです。そのことが実感されるからこそ、民主主義体制はむしろ安定するという逆説があります。政治的マイノリティが弾圧や抑圧を受けて野党性が縮減してしまえば、抑圧された側は自分たちの権利が無視されたと感じて、その政治体制に対する信頼や忠誠心を失うことになるでしょう。途上国の中で、民主的制度やその精神が未発達な国の場合、こうした信頼や忠誠心の欠如は内乱やクーデタにつながります。そうではなく、多元性が維持できていれば、さまざまな意見や利害を政治システムに反映させる回路も確保されます。野党が、そうした政治的マイノリティの民意を政治の場に一定程度反映させることで、システムとしての民主主義体制は安定することになるのです。

つまりは、与党と野党のあいだで、共同体の行方やあり方をめぐる健全な競争が行われることで、民主主義という政治体制ははじめて安定するとも言えます。ダールが言うように、「嘆きの重荷」があまりに強くなってしまうと、こんどは政治システムがひどく分裂してしまい、民主主義は維持できなくなってしまいます。

「野党」という存在ではなく、「オポジション」というその機能と役割に注目した場合、野党は民主主義が効率的かつ安定的に作動するための不可欠なツールとして見えてきます。

ダールはこんなふうにも言っています。近代になって人類は、さまざまなオポジションを取り込む仕組みを試行錯誤しつつ整えていき、制度化に成功することで強靭な民主主義が出来上がった、と。つまり、野党の機能と役割に正当な地位が与えられてこそ、民主主義は十全に機能するのです。

これを別の面から言うと、中国などでは、共産党のみが正当性を持っており、オポジションは形式上、存在しないことになっています。というのも、民意の多様性を代表するのは共産党だけだと、共産主義思想は考えるからです（民主主義的中央集権制）。

あるいは旧東ドイツなどの東側諸国では比較的多元的な議会制民主主義が取り入れられていましたが、ドイツ社会主義統一党を除くその他の政党は〝衛星政党〟で、オポジションとは言い難い、お飾り的な存在でした。政治社会のオポジションを許容しない、ファシズムを含むこうした権威主義的な政治体制は、長期的にみれば非常に脆弱な存在です。そのことは歴史が証明しています。その反対に、強度の高いオポジションの存在や野党性の発揮を許容した上でこれを制度化していくことが、強い民主主義体制にとっての重要な条件となります。

オポジションとして現れる民意の残余部分を野党が汲み取り、きちんとそれを政府や政策決定の場へ伝達することで、民主主義体制は安定し、持続する。そして、民主主義体制が安定化すればするほど、いっそう多様なオポジションが汲み取られていく。民主主義の強靱さにつながるそういう循環が形成されるためにも、野党は欠かせない存在です。

†普通でない民主主義？

以上が野党についての理念的な話です。以下では、オポジションやその国の野党性がどのような制度化や展開をみせていったのかについて、歴史に即して具体的に見てみましょう。

旧ファシズム国から見ていきます。スペインの場合、民主主義を規定する条文が憲法に書き込まれたのは、民主化を経た一九七八年のことです。独裁者フランコが七五年に病没し、それまで抑え込まれていた民主化運動に火がつき、七八年に新憲法が成立、全政党を合法化して民主主義体制へと移行しました。

ドイツの場合、戦後の一九四九年に西ドイツで制定された憲法「ドイツ連邦共和国基本法」に、民主主義に関する条文が設けられます。これらの憲法では、与野党に関係なくすべての政党が民主政治の基本的なアクターであることが明記されています。このように、民主主義にとって野党を含む政党が欠かせない存在であると広く認識されるようになったのは、実は戦後になってからのことと言ってよいかもしれません。

もっとも、第二次世界大戦後に政党を基盤とする民主主義が発展し、定着するようになると、今度はその枠内で起こる政権交代も珍しくなくなってきます。民主主義体制が定着して与党と野党の立場が入れ替わるようなケースが一般的になるわけです。こうして、与党と野党の立場が定期的に入れ替わることが、民主主義政治における重要なメルクマール（目印）となっていきます。

その中で、日本やスウェーデン、イスラエルといった民主主義国は、戦後長らく政権交代を経験しませんでした。こうした現象に着目したアメリカの政治学者ペンペルは、これらを『普通でない民主主義諸国（*Uncommon Democracies*）』（一九九〇年）と命名したことがあります。ここで想定されている「普通」の民主主義とは、政権交代のある民主主義ということになります。

もちろん、自民党政権が長く続いた日本も、社会民主党政権が長く続いたスウェーデンも、労働党政権が長く続いたイスラエルも、それぞれ、れっきとした民主主義国家です。国政選挙が定期的に行われ、複数の政党間の競争もある。しかし、それでも政権交代の機会が少なかったために、「普通でない」という形容詞が冠されることになったわけです。

日本について言えば、一九九三年に非自民政権が誕生するまで、五五年体制のもとで自民党の一党支配が長く続いてきました。ただし、第二章で再論するように、五五年体制のもとでも社会党（九六年に社会民主党へと改称）をはじめとする野党勢力は存在し、野党性を発揮していたわけで、そうした意味でも日本は民主主義国家であることに間違いありません。

民主主義のこうしたあり方を、政権交代の有無に求める場合でも、与党のみならず、野党が果たしている役割が大きな意味を持ちます。議会における野党であっても、選挙を通じて多数派を形成して政権交代を実現し、それによって政策を実現することを目標にする野党もあれば、あくまでも政治的マイノリティとして表れる民意の残余を代表するための野党もあるかもしれません。あるいは、院外でのオポジションであれば、議会が象徴する政治体制への異議申し立てを行って、選挙を経由しないで抵抗を行おうとするかもしれません。

このことから分かるように、オポジションの中心軸をどこに置き、その幅をどのようにとるのかによって、野党のあり方も変わり、これに応じて民主主義のあり方も変わることになります。

†変化するオポジション

もっとも、政治体制に対して異議申し立てをするオポジション勢力は、二〇世紀に入って民主主義体制が発展・定着していくにつれて徐々に減っていったのも事実です。

第二次世界大戦が終わるまで、ファシズムとコミュニズム、そして議会制民主主義(自由民主主義）が、体制の正当性をめぐって競い合っていました。やがて、ファシズムが脱落することで、リベラル・デモクラシーは正当性を獲得し、さらに冷戦が終焉してコミュニズムの大部分が脱落することで、反体制的なオポジションが介在する余地はますます少なくなっていきます。裏を返せばそれは、議会制民主主義に異議申し立てをするオポジションが、自滅ないし制度に吸収されていくことで、民主主義が自律化していくプロセスでもありました。

たとえば、選挙で約三割もの得票率を誇っていたフランスやイタリアの共産党は、一九七〇年代まで自由民主主義（リベラル・デモクラシー）に対する人民民主主義（共産主義）を掲げて異議申し立てをしていましたが、革命路線を最終的には捨て去ることになります。日本社会党も、六四年に策定された綱領的文書「日本における社会主義への道」で社会主義革命の実現を標榜していましたが、八〇年代になると既存の議会制民主主議を認めて、いわゆる現実路線を歩んでいくことになります。こうした反体制的な野党勢の制度化は、多くの先進国での共通経験となっていきます。

小括するなら、戦後のある時期まで、民主主義体制をいかに確立・安定させるかが課題だったのが、各国で戦後民主主義が安定してくると、今度は政権交代の有無が、民主主義国であることのメルクマールとなっていったと言えるでしょう。野党のあり方も、ここから大きく変化していくことになります。

すなわち、多くの先進国では一九六〇～七〇年代まで、最大のオポジションはリベラル・デモクラシーを敵視する勢力でした。その典型が社会主義や共産主義勢力であり、あるいは存在感はより小さいものの、西欧のネオ・ファシズム勢でした。しかし、こうした勢力が革命路線を捨て去ったり憲政に参加したりするようになると、今度はリベラル・デモクラシーの枠内での与党と野党の競争が全面化してくることになります。

冷戦体制の崩壊は、リベラル・デモクラシーか否かという、政治体制をめぐる正当性の争いに決着をつける上で、決定的な出来事となります。これは、オポジションであるか否かの基準がもはや体制をめぐるものではなく、特定の政策をめぐるものになるということを意味していました。対立軸の穏健化とも言えるでしょうし、対立軸の精緻化と言うこともできるでしょう。

こうした展開を受けて、先進国の政党政治のフォーマットも、九〇年代を通じて変化を余儀なくされます。権威主義的、あるいはファシズム的価値観が一掃されることで、西側諸国の保守主義政党の多くが、社会政策ではリベラル化していきます。その一方で、社会民主主義政党は、経済政策でどんどんリベラル化していく。保守政党は個人主義的価値観を認め、左派政党は市場主義を是認するようになる。政党政治における右と左の差異が縮小されていくこうした過程を、「リベラル・コンセンサス」と呼ぶことができます。

こうなると、政治の世界では、政治体制にかかわるいわゆる「大文字の政治」はほとんど顧みられなくなり、むしろ、どの政党が政策をよりよく実現できるかの競争が中心になってきます。日本でも「政局ではなく政策論争を」という主張がマスメディアなどでなされるようになり、政治家が「小物」になって「政策新人類」などと呼称されるようになるのも、こうした経緯が背景にあります。競争と対立軸の幅が狭まっていけば、各政党が主張する政策の違いも小さくなっていきます。野党のふるまい方も、それに応じて変化していくことになります。

†先鋭化する二一世紀の対立

もちろん、だからといって、政党や政治家の間での先鋭的な対立がなくなったわけではありません。二一世紀になって、新たな論争点も顔をのぞかせています。

たとえば、二〇一六年のアメリカ大統領指名候補者の予備選では、「民主社会主義者」を名乗る民主党のバーニー・サンダースが資本主義そのものへの疑義を呈し、国民皆保険や大学無償化などを掲げています。

二〇一五年にはイギリス労働党党首に党内最左派のジェレミー・コービンが選出され、

電力や鉄道の再国有化のほか、NATO脱退を示唆しました。二〇一四年に結党されたスペインの極左政党ポデモスは、同年五月の欧州議会選挙で第四党に躍進、一五年末の総選挙では第三党に躍り出ました。右派の側では、フランスの国民戦線など、かつてのファシズム勢力が議会制民主主義を認めて右派ポピュリズム政党として再生を果たし、とりわけ反イスラム意識をテコに勢力を伸張させています。

こうした右派勢力も真剣に政権獲得を狙って、フランスや北欧諸国では第三極の地位を築きつつあり、ポーランドやハンガリーなどでは与党の座を射止めました。二〇一六年のアメリカ大統領予備選では、あからさまな人種差別的発言を繰り返すドナルド・トランプ共和党候補が台風の目となりました。

既成政党間で「リベラル・コンセンサス」が生まれて、強度の高い対立軸が穏健化していったように、二一世紀に入ってからの新たな先鋭的な対立も、やがて政策として部分利益に取り入れられ、制度化を果たして、民主主義の活性化と安定化に寄与していくことになるかもしれません。こうした極端な政治を生み出している「嘆きの重荷」を貪欲に自己の内部に取り入ることができてきたからこそ、民主主義は今に至るまでサバイバルできたのです。新たに生まれるオポジションという、自らにとって異質なものを取り入れることができればできるほど、政治システムは安定的なものになっていきます。

†民主主義の「進化論」的見方

比喩で言えば、新たに生まれるオポジションという異物を体内に取り入れることができれば、それはその分、政治体制としての免疫機能が高まるということです。その反対に体内に入ってきた異物を駆除しようと、新たに生まれる政治的マイノリティを抑圧したり、民意の残余を無視したりすれば、短期的には権力そのものは安定するかもしれません。しかし政治体制としてみた場合、むしろ自己の症状を正しく診断できず、治療を怠ることで病弱な身体を抱えることになってしまうかもしれません。これが、いわば民主主義の進化論的な見方です。

この「嘆きの重荷」を増やすに任せてしまえば、手の付けられないほど強力なオポジションが出現して、リベラル・デモクラシーという民主政治の基盤そのものが転覆されてしまう可能性が出てくるかもしれません。

二〇一〇年代に入って、かつては安定した民主主義国として認識されていたエジプトやタイなどが、それぞれ異なる要因とはいえ、内乱とクーデタを経験していることは、オポジションと民主政治が危うい均衡の上に成り立っていることを印象づけました。体制側と反体制側の武力衝突が生じてしまえば、再び安定した政治を取り戻すのは至難の業です。

エジプトやタイのケースと、制度化の進んだ先進国とは単純には比べられません。ただ、民主政治を維持するには、不可避的に生じてくる新たなオポジションを、議会制民主主義の内部に漸進的に取り入れていく必要があるというメカニズムは普遍的です。

オポジションの側からすれば、自らの主張を粘り強く政治システムに挿入していくことが求められます。言葉を換えれば、民主主義においてラディカルな変革はあり得ず、政治体制の断絶もあり得ません。そこでの変革は常に漸進的なものでしかあり得ません。そうしたせめぎ合いが、与党のみならず、野党のふるまい方や両者の対立軸の行方を決めることになります。

このことを確認した上で、次章以降では、その具体的なメカニズムやケースを見ていきましょう。

第一章

新しい野党のかたち

†汲み尽くし得ない民意

民主主義とは、その政治社会で様々な多元性を実践することでもあります。そのためには、これを支える根本的な約束事が必要となります。それは、その政治社会で多数派を形成する人々が、自分たちとは異なる立場の人たちの存在を認めるということです。つまりは、多数派が支持する政策によって、すべての民意を反映できるという前提を置かないということです。そのことが野党という立場を作り、ひいてはそれが、民主主義における多元性の実現へとつながっていくのです。

別の角度から言うと、議会制民主主義においては、与党と野党が相対峙するわけですが、有権者から見て、政治にかかわるニーズがすべて満たされているのであれば、新たな野党性が発揮される必要性は感じないでしょう。政策をめぐって与野党が競争をすることで、すべての民意が汲み取られるのであれば、その政治社会での多元性は縮減していくことになります。

もっとも、現代の政治社会では、かつてないほど多様化が進んでいます。各政党がいくら包括的な政策を並べて競い合っても、すべての民意を代表することは、ほぼ不可能と言ってもいいでしょう。政党による民意の集約機能が低下してきているとすればなおのこと、立法府と行政府だけでは代表し切れぬ「民意の残余」があるという自覚が必要です。

とりわけ日本では、特定の政党を支持しない、いわゆる無党派層が少なくないことで、野党を含む政党による民意の集約が難しくなっています。メディアや調査機関によって調査結果に幅はありますが、無党派層は一九七〇年代に急増し、二〇パーセント台にまで上昇、その後も増え続け、九〇年代に五五年体制が崩れてから四〇パーセント弱にまで達しています。現在では、最低でも有権者の三割ほどが、多く見積もって七割ほどが無党派層とされています。

†ヨーロッパとアメリカの投票行動

歴史を少しさかのぼりながら、ヨーロッパやアメリカの事例も見てみましょう。有権者がどのような意識を持って、どのように政党を支持しているかを見なければ、野党の機能や与野党間の競争の特徴は理解できません。

単純化して言えば、二〇世紀後半に至るまでヨーロッパでは、所属する階層・階級によって、どの党に投票するかは大体決まっていたといって差し支えありません。労働者階級に属していれば社会民主主義政党に、自営業者やブルジョワジーであれば自由主義政党に、地主や旧貴族であれば保守主義政党に投票するというのが、分かりやすい例です。もっとも、どの国でも戦後復興とそれに続く高度成長によって経済が発展していき、中間層が分厚い層をなすようになってきます。そうなると、かつてのような階級間格差は徐々に縮小していき、これに伴って、たとえば労働者階級に属する有権者であれば社民政党に投票するといった図式は成り立ちにくくなってきます。

アメリカの場合、いくぶん事情が異なります。例外はあるものの、共和党と民主党という二大政党制に有権者のほとんどが組み込まれています。アメリカではなぜ二大政党制が機能するのか。それは、民主党にせよ共和党にせよ、私たちが通常イメージするような政党ではなく、むしろ議員が集うフォーラムのようなもので、ヨーロッパの政党のように秩序だった組織ではないからです。

アメリカにも、いろいろな政治的潮流があります。ただ、そうした多様性は、大統領候補者指名の予備選挙などを通じて、民主党や共和党の内部に取り入れられていく。最終的には、二人の大統領候補者のうち、どちらかを投票で選出する仕組みになっています。そして多くの場合、共和党支持者と民主党支持者は固定的です。民主党候補者に入れるか、共和党候補者に入れるか決まっていない「スウィング・ステート（振れる州）」はフロリダやオハイオなど数えるほどで、その他の州は「ブルー・ステイト（民主党の州）」、「レッド・ステイト（共和党の州）」と、ほぼ完全に色分けされています。

ですからアメリカでは、有権者をいかにして新たに掘り起こし、自党に投票してもらうかが、政党や大統領候補者の勝敗を決めることになります。アメリカの大統領選の投票率は高くても五〇パーセント程度ですから、背後には膨大な「無党派」がいます。

ヨーロッパでも、ポスト工業社会を本格的に迎えて誰を大統領（首相）にするか、その都度、人物本位で投票する傾向が顕著になってきました。階級という概念そのものが工業社会の産物でもありました。ですから、先進諸国では軒並み、有権者と政党の結びつきが流動化しており、その意味では「日本化」が進んでいるといえるかもしれません。投票先を決める際にも、所属階級は関係がなく、政党が掲げる体系立ったイデオロギーや政策、綱領もあまり参考にせず、むしろ候補者のイメージ、その時々の争点によって決めるという有権者が増えています。程度の差はありますが、これが多くの先進国でのトレンドです。

†意味のない政党支持率

ただ、日本ならではの政党支持構造も見て取れます。有権者と政党の結びつきが強ければ、与党の支持率が下がることで、野党の支持率は上がるはずです。ところが日本では無党派層が多いため、与党の支持率が低下しても、野党の支持率は下がったままであるとか、与野党とも支持率が下がるといったことが少なくありません。これは無党派層が増えて、有権者の選好が流動的になっていることの一つの証左だと言えるでしょう。

もし有権者の民意の分布に変化がなければ、どの政党に投票するかは大よそ決まっているので、与野党関係も固定化されてしまい、政権交代もなかなか起きないということになります。戦後イギリスや西ドイツも、わずかな時期を除いて保守政治を長く経験しますが、その構図が崩れるのは、社会が豊かになっていった六〇年代頃のことです。五五年体制が崩壊するまでは、日本もまさにこうした状況にありましたが、七〇年代あたりから、階級政治は溶解し始め、労働者の利益を、社会党なり共産党なりが代表するという構図自体が失効していくことになります。

五五年体制下の対立軸として日本に残存しているのは、憲法九条改正問題に象徴される平和憲法をめぐるものだけかもしれません。

ただ、この対立は多分にイデオロギー的なものです。それによって、給与水準が変わるとか年金支給額が変わるとかいった、個々人の利害には直接結びつきませんから、強度は高くとも、かつてのような訴求力や動員力を持っていません。しかも、改憲か護憲かというこの対立軸は、いまや党派横断的なものとなっています。自民党の中にも護憲派は存在し、民進党の中にも改憲派が存在するというように、です。

†「陛下の野党」とは？

日本でイメージされる野党像は、イギリス政治の影響をかなり受けています。一般的にイギリスでは野党のことを、「陛下の野党 His (Her) Majesty's loyal Opposition」と呼びます。イギリスにおける野党は、多くのヨーロッパ諸国のそれと違って、体制そのものを争点とすることはありませんでした。

隣国のフランスの場合、一八世紀の世俗革命（反宗教・反教会権力）としてのフランス革命は、その後、議会制か君主制かをめぐる体制間闘争を生み、それは一九世紀後半まで残りました。

イギリスの場合、一七世紀後半に名誉革命を経験していますが、六〇万―一〇〇万人の犠牲者を生んだフランス革命と違って、武力衝突もない無血革命でした。当時の国王ジェームズ二世が、カトリックを復活させようとしたり、議会を無視したりしたのに対して議会が猛反発し、国王を国外へ追放。ジェームズ二世の長女メアリー二世と、その夫オレンジ公ウィリアム三世が新国王となり、議会が決議した「権利宣言」を承認し、これを「権利章典」として公布しました。これが、立憲君主制の基礎となります。また、イギリスは産業革命を最も早く経験し、労働運動が盛んであったにもかかわらず、共産党が基盤を得ることもありませんでした(正確にいえば共産党と名乗る政党はありますが、党員は一〇〇〇人に満たず、議席もない政治団体です)。

イギリスの議会政治の原型は一九世紀前半に確立しますが、政党政治の歴史をさかのぼっていけば、一七世紀に現れたトーリー党とホイッグ党に行き着きます(ちなみに、先のジェームズ二世の即位を認めるとしたのがトーリーで、反対したのがホイッグの起源です)。前者がいまの保守党の前身で、後者は第一次世界大戦を機に二大政党の座を労働党に譲ることになる自由党の前身です。当時の労働運動は自ら党を作ったりせず、ブルジョワ政党である自由党を支持したこともあって、イギリスでは共産党のような左派政党が生まれることはありませんでした。

イギリスの政党政治は、典型的な二大政党制として知られていますが、それを可能にしてきたのも、政党が体制それ自体の転換を目指すことがなかったからです。「王は君臨すれども統治せず」という基本原則のもと、与野党が政策をめぐって競い合う。それを通じて漸進的な改革を進めるというのが、イギリスの政治の特徴の一つです。

二大政党制であるということは、極端に言えば、選挙のたびに民意の半分を切り捨ててしまうということです。しかも、イギリスの選挙制度は小選挙区制ですから、死票が多く出ることが前提になっています。ですから、定期的な政権交代がない限り、野党を支持する民意は、なかなか政策には反映されません。このことから分かるように、イギリスの政治システムは、政権交代があることで、はじめて安定する仕組みになっています。戦後に限ってみても、保守党と労働党それぞれの政権交代の回数は、四回、五回（二〇一六年時点）とほぼ同じです。

イギリスの二大政党制は、アメリカと違って強固な政党組織に支えられています。このため、労働党の強い選挙区と保守党の強い選挙区が固定されています。八〇年代以降、それまでの労働党支持者が保守党支持に、あるいは保守党支持者が労働党支持へと変わる割合は例外を除けば、毎回五％にも達しません。

†野党をサポートする制度

イギリスの政党政治のもう一つの重要な特徴は、野党だけが利用できる支援制度がいろいろと設けられていることです。イギリス人はフェアネス（公平性）を重視するといわれますが、与党と違って野党は、官僚機構をフルに活用することもできませんから、制度的なサポートがなければ、与野党の力関係は均衡しません。つまりは二大政党制が維持できなくなってしまうのです。

このため、たとえば野党第一党の党首には、その他の野党の党首とは区別して、特別な地位が与えられています。「一九三七年国王の大臣法」にもとづき、首相の五五パーセントに当たる給与が支給されるほか、議会内に党首室が用意され、公用車もあてがわれるなど、様々な支援制度があります。

野党第一党へのこうした支援は「ショート・マネー」で賄われています。これは下院の野党を対象に支給される政党助成金のことで、議席数と直近の選挙での得票数に応じて配分される仕組みになっています。「ショート」というのは、この制度の提案者であったエドワード・ショートという労働党議員の名前からとられました。党首室で開かれる「影の内閣（シャドー・キャビネット）」の運営も、この資金で賄われています。

「影の内閣」は、日本でも民主党が一九九九年から「次の内閣（ネクスト・キャビネット）」という形で模倣したことで知られていますが、内閣と同じような担当大臣を任命して、時の与党の政策に対して様々な対案を出していくことがその主務となっています。保守党政権の場合は労働党が、労働党政権の場合は保守党が影の内閣を組閣しますが、これも政権交代が定期的に起こるのを前提に、与野党が入れ替わってもスムーズに政権運営に当たれるようにする仕掛けなのです。

二大政党の間で政権交代が起こるということは、野党の側に立つ政党はいつも政権を担う準備をしておかなければならず、したがって、無理難題や実現不可能なことを主張するのは控えるようになるということです。他方で、与党の座にある政党は自分が野党になった時のことを考えて、相手を徹底的に否定するようなことはしない。同じことをやられたら困るからです。こうしたメカニズムと意識が、イギリスの二大政党制を支えています。

このように、イギリスでは政治における野党性を、つねに体制内・院内に取り込んでいく歴史があり、オポジションを極めて高度に制度化する仕組みが整っているといえます。それが、イギリス議会のあるウェストミンスター寺院に倣って「ウェストミンスター・モデル」とも呼ばれるイギリスの議会政治と政党政治の顕著な特徴となっています。野党に対するフェアネスを重視したこうした制度は、二大政党制だからこそ存在意義があります。

†「穏健な多党制」での野党とは？

その反対に、たとえばドイツや日本のように、少数政党も含めて有力な野党が五〜六ある、いわゆる「穏健な多党制」の国で、各政党に予算をつけて「影の内閣」を作らせたとしても機能しないでしょう。

すべての野党が政権交代を目指すわけではなく、中には政治的マイノリティの権利の主張やそれを代表することに主眼をおく政党もあるでしょう。こうした政党は、民意の一部を代表することや、与党の権力行使に待ったをかけることに重きを置きます。イギリスとは異なり、すべての野党が政権交代を前提としておらず、統治することを目的とするわけでもないので、イギリスと同じような制度を適用しても、あまり意味をなさないでしょう。たとえば、一九九九年に日本の衆議院で導入された党首討論は、イギリス議会の「クエスチョン・タイム」を模倣したものですが、本場では党首だけが討論をするわけではなく、与党議員も首相への質問権を持っていますから、似て非なるものです。

日本では福澤諭吉以来、イギリスの議院内閣制への憧れがあります。九〇年代以降のポスト五五年体制で目指された「政権交代のある民主主義」も、イギリス型の二大政党制を念頭に置いていました。「政権交代のある民主主義」が二〇〇九年の総選挙で現実のものとなろうとして、当時の民主党代表代行だった菅直人が、与党になってからは当時の幹事長の小沢一郎が、それぞれイギリス議会の視察に行ったりもしています。

このように、日本で野党というと、暗黙のうちにイギリス型の野党がイメージされることが少なくありません。しかし、野党がどのように振る舞っているのか、それがどのような歴史的・制度的条件に支えられているのかを知れば知るほど、その比較はあまり参考にならないことが分かるかと思います。政治のあり方がその国の歴史の反映であることを考えれば、それも当然です。

ですから私たちは、これまでの野党イメージを根本から問い直した上で、もし民主主義に野党やオポジションが不可欠なのであれば、どのような野党やオポジションを実現させるのかということを、自らの頭で考え出さなくてはならないでしょう。

現在の政治や政策の結果に様々な不満があるのであれば、それは一義的には「統治している党（ガヴァニング・パーティ）」の責任です。いかなる与党でも、すべての民意を汲み尽くすことはできないのであれば、政治や政策に不満を抱く人がいるのは、むしろ当然のことなのです。

オポジションの意味も形式も多様であるということは序章で指摘しました。ですから、与党の政策に対して異議申し立てのデモをするとか、訴訟を起こすとか、パブリック・コメントを寄せるとか、民主主義ではオポジションを発揮する方法には色々なものがあります。

ただ、その中でも、主権者が、いわば普通の手段として手元に有しているのが、野党という存在です。選挙時に野党への投票や支持を通じて、統治する主体やその政策に対して異議申し立てをしたり、修正を迫ったりするということは、多元性を許容する議会制民主主義にビルトインされたメカニズムです。野党にとって、与党に対する様々な形で異議申し立てをすることは自らの存在理由でもあるのです。

†野党を使いこなす

与党に対する落胆や不満は、希望と期待に置き換えられなくてはなりません。それが可能にならなければ、主権者はその社会をより良いものにしていく手がかりを失うでしょう。そこで頭をもたげるのは、怒りや閉塞感かもしれません。人々に落胆や不満が生まれるのは、彼ら／彼女らが生きている社会の望ましい姿や方向性が漠然としてではあっても、思い描けていることの証でもあります。そうであれば、民主政治において、その落胆や不満を、正の価値へと転換する役割を担う主たるプレイヤーは野党ということになるはずです。

政治に何かを期待するのであれば、野党を上手に使いこなさなくてはなりません。野党を応援すること自体が、与党への裏切りになるとは限りません。与党が自分の思うように行動しない時、もともとは与党を支持していても、野党を応援したり、一票を投じたりすることは、与党への牽制球になるでしょう。あるいは、本来は野党を支持していても、その支持をいったんは撤回することで、野党に喝を入れることができるかもしれない。野党は、民主政治をより良いものへと改編していくための重要なツールの一つですから、それを細やかな形で使いこなさない手はない。使いこなさないということは、むしろ、私たちが住む政治社会をより良い場にしていくための手段を自ら手放してしまっているということになります。

この観点から言えば、有権者にとっての政治家は、自分たちの代理人のような存在、専門的な言葉で言えば、プリンシパルとエージェントの関係ということになります。つまり有権者（プリンシパル）は、自分たちの代理人である政治家（エージェント）が、きっちり責務を果たすよう、つねにチェックする必要があるわけです。

実はこれは、民主主義において競争はなぜ大事なのか、という話につながります。「創造的破壊」という言葉を人口に膾炙させたヨセフ・シュムペーターという著名な経済学者は、民主主義において、エリートが、つまり私たちの代表が競争をすることが大事だと主張したことでも知られています。

それというのも、有権者の代表同士が支持を求めて競い合えば競い合うほど、有権者の効用が高まる可能性も高くなるからです。それは市場において、企業同士の健全な競争があることで、消費者の利益が増えていくのと同じ構図です。老舗デパートやセレクトショップ、専門店、ブランドショップ、リサイクルショップ、一〇〇円ショップなど、様々なタイプの店舗があることで、消費者の利便性も購入意欲も高まります。

これと同じように、野党の中にも、政権交代を目指す政党だけでなく、与党に反対する政党、与党に協力する野党、野党同士の接着剤になる野党、地域や支持者を代表するだけの野党など、様々なタイプの野党が存在することで、多様な民意が政治に反映されることになります。だからこそ、民主主義における多元性と、野党が担保する多様性はセットになっているのです。

†野党は無責任な存在か？

そうは言っても、野党は対案も出さず、反対してばかりで、党利党略を優先させて政権の足を引っ張るばかりの不要な存在だと感じる人もいるかもしれません。ただし、現実には国会の状況や議案に応じて野党が政権の法案に賛成することも珍しくありません。

与党の政策に瑕疵《かし》があることを証明しようとして、揚げ足取りに終わってしまうような野党の追及は海外でも見られます。それだけでなく、野党には野党同士で競り合っている側面もありますから、他の野党より目立ったり、優位になりたいと思ったりする誘惑が常に存在します。こうした野党性が、スタンドプレーに映ってしまうことは否定できません。

野党はなぜ与党の政策や法案に反対するのか、その何が問題で、どうすればよいのかということを十分に説明することも、欠かせません。有権者からの支持を真剣に求めているのであれば、なおさらです。

ただ、日本の場合、野党が無責任に見えてしまう政治的な環境があることにも留意しなければなりません。先にも述べましたが、ヨーロッパやアメリカでは、どの政党が支持されているのかという有権者の支持構造はかなり固定的です。少なくない有権者が、自分は左派なのか、保守なのか、リベラルなのか、どの地域に住んでいるのかなど、政治社会の対立軸に基づいて政治的な立ち位置をはっきりさせています。ですから、選挙時にどの政党に一票を投じるのか、ひいては政治に何を望むのかが、相対的にはっきりしています。与党が何を言っても反対は反対、あるいは野党が何を言っても賛成は賛成ということになるのです。

このように政党支持が固定的な国々と比べて無党派層の多い日本では、政党への支持構造はもっと流動的です。世論調査でみると、有権者の大多数は自分はさほど左寄りでも右寄りでもなく、いわゆる「中道」だと自らを位置づけています。欧米の政治では、「中道」そのものが積極的な政治的意味合いを持つことがありますが、日本ではむしろ政治的な選択を避けるという消極的な意味で「中道」が選ばれています。つまりは、有権者が抱く政治的な世界観が確固たるものではないので、与党に対して野党が反対をすると、それは党利党略によるものだと思われてしまう。さらに日本は、先進国の中でも政党や政治家への不信の度合いが高い国でもあるので、こうした意地の悪い見方が一般的になってしまっています。

有権者の多くが、どのような政治的価値にコミットするのか、もっと自覚的であれば、野党という存在を、もっと肯定的に捉えられるのではないかと思います。そうなれば、野党が何に反対しているのか、その内容に即して是非を判断できることになるでしょう。有権者も、守るべき価値がはっきりしていれば、自分たちの価値を政治に反映させるためのツールとしての野党を、もっと上手に使いこなせるようになるはずです。もっと言えば、「与党vs.野党」という、あまりにも大雑把な捉え方から卒業して、様々な政党があることを前提として、政党本位で政治をみることが出来るはずです。

†野党と与党の相互作用

ただし、野党性がどのようなものであるべきか、言い換えればその中身が、あらかじめ決まっていて、何も変えようがない状態はよくありません。何に反対をするのかは、状況に応じて変化する部分もあるべきです。

政党政治に限っていえば、野党が何にどう反対するかは、その時々の与党のあり方や方針に、かなりの程度左右されることになります。近年の事例でいえば、安保法制が違憲ではないかと大きな問題になるまで、民主党内では憲法改正そのものに積極的な姿勢をみせていました。それが、安倍政権が安保法制を推進して、憲法改正に積極的な態度をみせると、今度は護憲的な立場を強めていきました。

もっとも、逆もまた真なりで、与党のあり方は、その時々の野党のあり方に相当程度、左右されることになります。二〇一〇年の参議院選で菅直人政権は、消費増税を掲げていた野党の自民党の上を行こうとして、マニフェストになかった消費増税を打ち出し、選挙で大敗を喫しました。あるいは、安倍自民党政権に対して野党勢が生活保障や労働条件を主軸に責め立てると、政権側は同一労働同一賃金や最低賃金引き上げなどの政策を打ち出しました。いうなれば、与野党の関係は、相手のステップがこう動けば、自らはこういうステップを踏むという、ペアダンスに似ている部分があります。

そして、ここに介在できるのが有権者なのです。自らの価値観に照らしてみて、与党の推進する政策が好ましくないのであれば野党を応援する、逆に野党が強すぎるのであれば与党を応援する、というように。

政治とは、ベストな状態を永遠に模索するプロセスの連鎖であり、全体の政治状況と照らし合わせての「悪さ加減の選択」であることを知ることこそが、政治的な現実主義だと、政治学者の丸山眞男は指摘しています。ですから、与党だからすべてが善もしくは悪で、野党だからすべてが悪もしくは善だと考えるのだとすれば、それは愚かな判断としかいいようがありません（この与党／野党を「〇〇党」と置き換えても同じことです）。

先に見たように、戦後民主主義が安定し制度が整ってくると、急進主義的ないし復古主義的な政治勢力は、多くの先進国で議会政治の枠内に取り込まれていきます。しかしそれは、制度に取り込まれなかった「民意の残余」や「嘆きの重荷」に、言い換えれば社会に対する怒りや不満に政治的な回路が与えられるというのです。ただ、世界や社会が変化すれば、新しい形や質の不満や怒りが必ず生まれ、たまっていくことでしょう。しかもそれは、既存の制度や政治勢力によって、そう簡単にはすくい取れない。

政党からすれば、野党は与党に対してすべての民意を代表しているわけではないと常にリマインドさせ、与党もいまだ気付かない嘆きが存在するかもしれないということに敏感でなくてはなりません。

当然のことですが、選挙結果に応じて与野党間、野党同士の勢力分布が決まります。一度それが決まると、各政党がどのような民意を代表しているかは、往々にして固定化されがちです。しかしそれは、その選挙の時の民意のスナップショットでしかありません。政党同士が競争や協調を繰り返すなかで、新たに浮上してきた重要課題に応じて、自分たちの立場を修正するということは容易に想像できます。野党性は、あらかじめ決まっているものではなく、状況に応じて上書きされていくものであること、あるいは上書きされるからこそ、民意の残余は、その居場所を見つけることができるのです。

ここまでの話でお分かりになるかと思いますが、野党について考えることは、民主主義とは何かを考えることであり、その逆もまた真なりなのです。

民主主義の四つの類型

ドイツのワイマール期に活躍した公法学者カール・シュミットは、こんな言葉を残しています。「政治的妥協に慣れた国民は、政治的に成熟しているかもしれないが、コンセンサスに満足してしまった社会では政治は死ぬであろう」と。

シュミットは、政治の本質は友と敵を分け隔てることにあると指摘したことでも知られていますが、ここで彼が言わんとしているのは、対立や対決こそが政治の本質だということです。シュミットは、ワイマール共和国を麻痺させた議会や政党を嫌いましたが、現代の代議制民主主義においては、野党がどう振る舞うかによって、妥協型の政治になるか、対立型の政治になるかが決まってきます。

このことを説明するために、フランク・ヘンドリックスという政治学者が提示した図式を借りてみましょう（表1）。ここでポイントとなるのは、民主主義にはいくつかの種類があって、その種類に応じて、野党やオポジションの位置と働きが変化するということです。民主主義には色々なバリエーションがあり、それゆえ野党とオポジションにも色々な

表1　民主主義の類型と野党／オポジションのパターン

	集計的民主主義（多数派民主主義）	統合的民主主義（非多数派民主主義）
間接民主主義（代議制民主主義）	振り子型民主主義（政権交代型野党）	コンセンサス型民主主義（抵抗型野党）
直接民主主義（自己統治）	有権者民主主義（アドホックなオポジション）	参加型民主主義（ランダムなオポジション）

出所：Hendriks 2010 より作成。

バリエーションがあることが分かるかと思います。もちろん、これらは実際の民主主義の特徴を記述したモデル（いわゆる理念型）ですので、細かな部分では境界線がはっきりしていなかったり、説明が曖昧だったりしますが、特性を把握するには有効です。

この表には四種類の民主主義があることが見て取れます。それぞれはまず、「集計的民主主義」か「統合的民主主義」かという、政治でどう決定するかの方法で分化します。

「集計的民主主義」とは、簡単にいえば五〇パーセント＋一で物事を決定すること、よく言うところの「多数決」です。他方の「統合的民主主義」は、物事を決定するに際して、なるべく多くの関係者の合意を取り付けようとする民主主義です。

「集計的」の場合、人々の賛成と反対を数えるだけなので比較的早く決定することができる一方で、多数派以外の人々は、自分の要求が政策に反映されないわけですから、不満がたまりやすい。「統合的」の場合、反対する人々を説得したり、合意を取り付けようとしたりするので、決定に満足する人の数は多くなりますが、それに至るまでに時間がかかるということになります。

もう一つは「間接民主主義」か「直接民主主義」かという、政治で誰が決定を下すかで分化する軸があります。前者は、人々が自らの代表を選出して、共同体に関わる政治的な決定は彼らに任すという類の民主主義です。よく「代議制民主主義」や「代表制民主主義」などと言いますが、これも間接参加による民主主義です。日本国憲法は前文で「国政は、国民の厳粛な信託によるものであつて、その権威は国民に由来し、その権力は国民の代表者がこれを行使し、その福利は国民がこれを享受する」と謳っていますが、まさにこれは代議制民主主義の基本的なプロセスを表すものです。

他方で政治的な決定をするのに「直接民主主義」を用いる方法もあります。古代ギリシャのアテネでは成年男性市民であれば誰でも出席できる民会において、法律や外交問題などが討議され、採決されていたことが知られています。こうした直接参加が公式的な政治の場で用いられることは近代以降、見られなくなっていきましたが、現代でもスイスの地方自治体の多くでは、最低でも一年に一回、地域住民が広場に集って法律を協議・可決する「ゲマインデ（青空集会）」が実施されています。あるいは、日本を含む多くの国には国民投票の規定がありますが、これも直接参加の一形態と言えるでしょう。アメリカのように、州レベルでの住民投票が活発な国もあります。

さて、以上の二つの軸を組み合わせると、民主主義の四つの類型が出来上がります。「振り子型民主主義」は、イギリスの二大政党を典型とする民主政治のあり方です。ここでは、民意の半分近くが切り捨てられますから、権力に対して野党は政権交代型となります。ただ、民意は振り子のように大きく振れ、政治決定をめぐって行き来します。「昨日の野党は明日の与党、今日の与党は明日の野党」となること、つまり定期的な政権交代があることを前提としています。

「集計的民主主義」の中にあるもう一つの類型が「有権者民主主義」です。これには、先に指摘した住民投票や州民投票、国民投票などシンプルな多数決が含まれます。いずれも規模は異なりますが、有権者一人ひとりの票がそのまま直接、結果につながる点に特徴があります。そうした意味では、政治的な決定ではありませんが、世論調査や意識調査の数字にも通じるところがあります。こうした類型のもとでの野党性は、野党というよりも、より拡散したオポジションと言うべきもので、そこでの政治的な決定をめぐって、反対意見が組織化されることはなく、争点ごとに是々非々でアドホック（その都度）に形成されることになります。

もう片方の「統合的民主主義」の類型には「コンセンサス型」と「参加型」があります。

「コンセンサス型」は、代議制と合意型の組み合わせです。具体的にはオランダ、スウェーデン、スイス、ベルギーなど、ヨーロッパの小国でよく見られる民主主義の種類です。こうした国で特徴的なのは、英米のような二大政党制をとらず、もっぱら連立政権で、穏健な多党制をとっていることです。

日本では多党制であることに加え、自民党での「事前審査制度」においては、部分社会の利益を反映する党部会や委員会で了承されなければ、原則として法案は国会に提出しないことになっていました。自民党が、組織化された業界などの利益を広く政策に反映する限りにおいて、日本も「コンセンサス型」民主主義に分類されるかもしれません。しかし、九〇年代にそれまでの中選挙区制から小選挙区制主体の選挙制度へ変わり、さらに産業構造の変化もあって、業界利益を組織化するのが難しくなっていることから、日本は「コンセンサス型」から「振り子型民主主義」へと接近しているといえるかもしれません。

「コンセンサス型民主主義」における野党は、「振り子型民主主義」での政権交代型野党と違って、抵抗型の野党となります。このとき野党は、合意を調達するためのパートナーとなりますから、野党は与党から譲歩を引き出そうと、抵抗を試みます。ただ、この場合、政治決定の最終的な責任がどこあるのかが分かりづらくなるという欠点があります。

最後の「参加型民主主義」ですが、これは国というより、もっと小さな共同体で見られる民主主義の類型です。たとえば、ブラジル南部にあるポルトアレグレという一四〇万人規模の都市では、市民が市の財政の一割程度の使途を決めることができるという革新的な制度を八〇年代後半に創設しました。この方式は瞬く間に世界中に広まり、南米諸国以外でも、イギリスやフランス、スペインなどの先進国の自治体で取り入れられましたが、これも参加型民主主義の典型です。

自分たちの属する共同体のことは自分たちで決めるという意味では、イスラエルの人口の一割弱ほどが属しているといわれるキブツ（集産主義共同体）もその典型でしょうし、そこまでいかなくとも、日本のマンションの管理組合や町内会、ＰＴＡなども、参加民主主義の実践として捉えることができるかもしれません。

「有権者民主主義」と同じく、こうした参加型民主主義でも、野党性は野党を通じてではなく、社会に広がるオポジションとして発揮されます。ただ、有権者民主主義では、争点や政治決定の議題は基本的に有権者の代表が提示するのに対して、参加型民主主義では自らが争点や問題点を発見し、提示し、解決策を探るという点で違いがあります。したがって、ここではどのようなオポジションが形成されるか、あるいはそもそも本当に形成されるのか（オポジションが存在する場合には、そもそも対立が争点化されない可能性もあります）は予見できないということになります。これはランダム（場あたり的）なオポジションといってよいでしょう。

この四つの民主主義の類型とその中の野党／オポジションとして把握される野党性は、多分に理念型ものです。ただ、野党のあり方、その機能の仕方、結果として発揮される野党性は、民主主義のあり方によっても大きく異なるということはできるかと思います。

そして、これらすべての象限に足場を持つ野党も実際に存在しました。これについて考える上で示唆的なのが、ドイツの「緑の党」です。

†ドイツ、緑の党の場合

緑の党は、ヨーロッパで「六八年世代」と呼ばれる人たちが集い、発展させていった政党です。日本では全共闘世代にあたる世代です。緑の党というと、エコロジーや環境保護などのシングル・イシューに特化した政党というイメージがあるかもしれませんが、実際の主張はもっと深いところにあります。

緑の党が結成されたのは一九八〇年で、「エコロジー的」「社会的」「根底的に民主主義的」「非暴力的」であることをその時の綱領で定めています。各地の環境団体・社会運動を統合した緑の党が国政に進出を果たしたのは八三年のことで、得票率六パーセントで、二七議席を獲得します。戦後生まれの政党としては、初めて議席を得た政党となりました。

二回目の挑戦となる八七年の下院選では得票率八パーセントで、四二議席を獲得して存在感を示します。その間に西ドイツ（当時）の豊かなヘッセン州政府の一角を占めるなど、着実に地歩を築き上げていきます。紆余曲折はあったものの、緑の党（九〇年に同盟90／緑の党へと改称）は九八年に左派の社会民主党（SPD）と連立を組んで、結党から一八年目にして政権与党となります。

結党当初は、それまでの環境保護・反原発・反核平和運動の数千もの団体を束ねた、いわば「プロ市民」の集まりにしか過ぎなかったのが、この時には副首相・外務相、環境相、厚生相を輩出するまでになり、保革の大政党に次ぐ、第三党の地位にまで上り詰めることになりました。シュレーダー内閣で副首相兼外相を務めたヨシュカ・フィッシャーという人気政治家は、かつて州の環境大臣に就任する際、ジーパン姿で登院し、揶揄された人物でもありました。

このプロセスをいささか単純化して言えば、緑の党は参加型民主主義の場あたり的なポジションから、コンセンサス型民主主義の野党へと大きく発展していったといえます。

緑の党は西欧一〇カ国以上で連立政権に参加しています。一九九七年にはフランスの緑の党が、社会党との連立という形で与党となり、二〇一二年の総選挙でも再度連立を組んで与党入りを果たしています。また二〇一六年五月には、性格は異なるものの、オーストリアの緑の党から大統領が選ばれました。緑の党の初の国家元首です。

もちろん、その過程では大きな変化がありました。ドイツの緑の党は、社会運動を前身としているため、議席があっても政治のプロを養成することは否定し、議員歳費の抑制やローテーション制、党の複数代表制や男女クォータ制などを導入しました。その多くは党の支持基盤が拡大していく中で有名無実化していき、こうした流れに抵抗する原理主義的な内部集団は離れていきました（ただ、このうち男女クォータ制は、後に他の政党が追従するような先駆的なものとなりました）。

党の綱領も穏健化していきます。一九八〇年の綱領では、「従来の政党に対するオルタナティブ」であることを謳っていたのが、二〇〇二年になって了承された新綱領では、「反政党」ではなく「政党システム内部のオルタナティブ」であることを謳うようになりました。これも、本章の冒頭で述べた反体制的な野党から、親体制的な野党への変化というトレンドと軌を一にしています。

こうした紆余曲折もあって、緑の党は、創成期のラディカルな性格を失ってしまい、普通の政党になってしまったとする指摘もあります。それまで、保革いずれの陣営にもくみしない勢力だと自己規定していたのが、一九九八年から七年間続いた社民党との連立政権を経験し、自らを保守陣営に対する「政権交代型」として位置づけたことも、内部で大きな論争を引き起こしました。ただ、州レベルでは保守CDU（キリスト教民主同盟）との連立も組んでいますから、緑の党そのものが右なのか左なのか、与党なのか野党なのか、判然としない存在へとなっていきました。

こうしたダイナミックなあり方は、新しい野党性の一つの表れと言ってもいいでしょう。そして、それは政治のあり方に大きな変革をもたらしました。

二〇一一年、ドイツはメルケル首相の下、脱原発への方針を決めました。これは東日本大震災の影響が大きかったと言われますが（イタリアも同時期に脱原発を国民投票で決めています）、実際にはそれまでにシュレーダー社民党と緑の党との連立政権が脱原発を推し進めていたことが大きく影響していました（ただし緑の党が主張していた廃炉の期間は延長されました。ここでは緑の党は「抵抗型」の野党となります）。

社会民主党・同盟90／緑の党のシュレーダー連立政権は、二〇二二年にまで原発を全廃にするという政策を二〇〇二年にすでに決めており、しかも3・11の直後にはCDUが戦後ずっと多数派を維持していた州の多数派を、社民党／緑の党連合を前に失うという政治的プレッシャーもありました。つまり、この時までに、緑の党が連立政権に加わり、脱原発を政策課題化していなければ、そもそもドイツの脱原発という政策は実現していなかったかもしれないのです。しかも、緑の党によるエコロジーにもとづく政治的主張は、当初産業界や労働組合の警戒心を呼び起こしましたが、今ではむしろ再生エネルギー産業など、ドイツの環境技術先進国としての地位の確立につながっています。

反核運動を前身とすることから、脱原発政策に目が行きがちですが、緑の党が連立政権入りしたことで、同性パートナーシップ婚や部分的な二重国籍法など、当時のドイツでもかなり革新的な政策が実現したことも特筆に値するでしょう。

緑の党を生んだ西ドイツの六八年世代の中には、政治活動から足を洗ってしまったり、逆に赤軍派などの極左テロに走ったりした者もいました。こうしたなかで緑の党は、時代の変化に政治的な回路を与えるために、直接民主主義と間接民主主義とをシームレスにつなぎ合わせて、その立場を中長期的に融通無碍に変化させていったことで、政策変更を実現させた野党性の成功例として銘記すべき存在といえます。

最近の緑の党は、二〇〇〇年以降の政策方針で明確となった、反グローバリズム・資本主義規制強化の立場を強めています。緑の党が掲げていたエコロジー政策はすでにどの政党でも当たり前のものとなったことで、新たな政治的方針の模索が始まったとも言えます。具体的には、トービン税(短期取引資本への課税)の導入や、ベーシック・インカムの実現、経営者の給与制限、高所得者への課税強化などです。これらは、現段階ではまだ革新的に過ぎるように思えるかもしれませんが、脱原発や男女平等と同様に、数十年後には当たり前の政策として議論されているかもしれません。

†野党の義務と権利

日々の政策を施行することに傾注せざるを得ない与党と違って、新たな政治的課題を発見し、知らしめ、問題提起するのは、野党の義務であり、権利でもあります。そして、それこそが、民主主義の多元性を拡大していくことにもなります。

日本とドイツでは、様々な構造的・制度的・歴史的条件が異なっているため、同じような野党が出現するのは期待できないかもしれません。ただし、ドイツの緑の党を参考にした、かつての「新党さきがけ」や、最近では、滋賀県知事だった嘉田由紀子が代表を務めた「未来の党」などの試みもありました。もっと地道なところでは、各地で活動する「全国市民政治ネットワーク」も、緑の党に通じる政策や組織を持っています。

先に言ったように、これらは一九六〇年代の学生運動・平和運動という政治的経験をした人たちがもたらした変化ですから、それが今風にいってリベラルな意味合いを持っているのは否定できません。しかし、それ以上にここで大切なのは、時代の変化に民主主義的な経路を与えることが、野党の役割でもあるということです。

第二章

日本の野党を考える

これまで述べてきたように、野党を語るということは民主主義を考えることであり、与党を語ることでもあります。したがって、いまの日本の野党のあり方を理解するためにも、なぜ自民党は「自然な与党」（政治学者・野中尚人）として、一九五五年以来（前身の民主党と自由党を含めると一九四八年来ずっと）政権の座から離れることがなかったのかを理解しなくてはなりません。

自民党が政権の座に就き、社会党が野党第一党として自民党に対峙するという構図は「一・五大政党制」や「疑似二大政党制」などと呼ばれ、自民党が一九九三年に分裂して下野するまで継続しました。

†「かりそめ」の五五年体制

長期にわたる自民党の強さと野党の弱さを読み解くということは、言い換えれば五五年体制とは何かを解明することでもあります。この「五五年体制」という言葉は、政治学者の故・升味準之輔《ますみじゅんのすけ》が論文「一九五五年の政治体制」（一九六四年）で用いて、七〇年代になって人口に膾炙した言葉です。

この論文で升味は「現在の政治体制の構成がいつできたかときかれれば、私はためらわず一九五五年と答える」と書いています。その上で、工業化に伴って、自民党と社会党の票田が全国に拡散、これに対応して両党が利益団体の組織化を進め、ここにおいて政官財の癒着が生じ、これが派閥の誕生を促したと分析しています。その上で、保革でイデオロギーは違えども、似たような利益媒介と組織構造を持ち、議会で両党が馴れ合う構造こそが「五五年体制」だとしたのです。

升味の議論で面白いのは、五五年体制とは、何らかの長期的な意図によって生まれたものではなく、社会党と自民党が互いに票を競い合ったことから偶然生まれたものだとしたことです（ただ、後になって、この体制はもっと構造的なものだと自説を修正しています）。いわく、「耐震計算も水圧計算もなされていない」「かりそめのダム」でしかないというのです。自民党と社会党は二大政党でありつつ、与党第一党はつねに自民党が維持する体制が「かりそめのダム」だとすれば、なおのこと、自民党による一党優位体制がこんなにも継続したのはなぜかを解明しなくてはなりません。

これについては、内外にわたってすでに膨大な研究があり、筆者はそれをまとめるだけの能力も準備もないので、まずはその概略だけを確認して、五五年体制のいわば「裏面」である社会党に焦点を当てて論じていきます。

†変化をいとわぬ「保守本流」

なぜ自民党は強かったのか。思想的な側面から言えば、当時の自民党は今とかなり違って「保守本流」の色合いが支配的でした。ここで言う保守本流とは、旧自由党系の政治家を中心に、反共主義を核とした思想を中心とする政治的態度のことです。これが保守本流の「背骨」だとすれば、「肉」の部分に当たるのが財政支出と公共事業を中心とした経済政策です。これに関して自民党は、国家主義的で保守主義的な思想に基づくのではなく、徹頭徹尾プラグマティズムに徹しました。

この保守本流の原型をたどるならば、一九四六年から五四年まで続いた吉田茂内閣に行き当たります。この時期をつうじて、経済成長を重視し、対米協調路線かつ軽武装という、いわゆる吉田ドクトリンが定着することになります。

この先には、日米安保条約の改定に心血を注いだ岸信介内閣(一九五七〜六〇年)があり、岸が退陣した後には所得倍増計画を掲げた池田内閣(一九六〇〜六四年)が発足します。それぞれの派閥を率いて前者は安保政策に、後者は経済政策に資源を投入したことから、この力点の変化は、自民党の総裁が変わることで政策も変化する「疑似政権交代」の典型例として挙げられることがあります。ただ、これは吉田ドクトリンを駆動していた車の両輪が、池田内閣にも引き継がれたと見ることもできます。

長期政権を築いた自民党では、総裁が変わって、新たに総理大臣に就任すると、政策の基本方針も変わるということが珍しくありませんでした。派閥の一つ一つがミニ政党のようなものですから、異なる派閥の領袖が新たに総理総裁になれば、政策にも変化が生じます。

このように、自民党は党内の派閥同士を競わせることで、変化に適応していきます。それゆえに、組閣時に派閥間の力学に配慮するなどし、派閥の均衡を保つようにすることも大事な計らいだったのです。政権交代を繰り返しながら、多元的な民主主義を実現する政治ではなく、自民党という巨大政党のなかで疑似政権交代を繰り返すことで、多元的な民主制を曲がりなりにも実現させていったわけです。

後で再論しますが、それゆえ小選挙区主体の選挙制度になって、派閥政治が成り立たなくなり、二大政党制へと移行しても政権交代が起きないことで、多元的な民主主義は失われていくことになりました。

佐藤内閣（一九六四〜七二年）に次いで、一九七二年には田中角栄が内閣総理大臣に就任します。田中角栄は翌七三年を「福祉元年」と位置づけ、それまでの老人医療の無料化に加えて、年金給付額の拡大を実施します。これは、東京をはじめとする全国の都市で革新派の首長が生まれていったことへの危機感の表れでもありました。七〇年代の石油危機によって高度成長にブレーキがかかるようになり、農村から都市部への人口の流出も一段落し、選挙での得票率がピークアウトするこの頃から、自民党の脱農村政党化の動きは始まり、二〇〇〇年代の小泉純一郎内閣まで断続的に続いていくことになります。

大きな流れの中にこうして自民党を置いてみると、自民党がいかに変化をいとわない政党であるかが分かります。自民党は、共産主義に対する抵抗勢力でもありました。革新政党の政権奪取を阻止することが歴史的使命でしたから、権力を維持することが自己目的化し、政策はそのための手段でしかありません。それゆえプラグマティズムに徹することができます。これこそが、自民党の強さの源泉の一つでした。

もちろん、時代が自民党長期政権に味方をしたところもあります。冷戦時代には、アメリカを盟主とする西側陣営とソ連を中核とする東側諸国とが対峙していたわけですが、西側の一員に組み込まれた日本において、自民党は保守政党としてその存在意義をアピールすることができたのです。また歴史的にも稀にみる高度成長と相対的に平等な富の分配によって、多くの国民が、平和と安定の果実を享受することができました。

†党内民主主義も、強さの理由

こうした環境要因にもとづく強さだけでなく、党としての独自の強さもありました。たとえば自民党は、総裁を国会議員と県連の代議員の投票で選ぶことにしています。まず、保守合同の翌年（一九五六年）の総裁選（総裁公選）で実施され、このときは鳩山一郎が選出されています。一般党員が自党のリーダーを決めることができる仕組みを保守政党が持つことは、当時は非常に珍しいことでした。イギリスの保守党ですら、党首選が行われるようになったのは、一九六四年からです。自民党は七八年からは、党員も投票できる予備選方式を導入します。このように、自民党は保守政党としては珍しく党内での民主主義的原則を重視しています。地方議員や支部の持ち票を変えるなど、総裁選選出の規定をかなりの頻度で変えたり、派閥間の力学で決めるなど、よく言えば臨機応変、悪く言えば融通無碍な部分も持ち合わせているところなども、やはり強さの源泉でしょう。

総裁というトップを決める民主的な規定があると同時に、組織の内部も多元的に構成されていました。複数の自党の候補者を当選させることができる中選挙区制の特性もあって、党内には七つから八つの派閥が常に形成されていて、それぞれ特徴がありました。派閥があることで、異なるクラスタにあるカルチャー（ハト派からタカ派まで、リベラルから権威主義まで）を汲み上げることができていたわけです。

社会の多元性を党に反映させる仕組みは、派閥だけではありません。「部会（政策部会）」という、自民党議員が政策を研究し、国会に提出する法案の審議決定をする下位機関として財務金融部会、外交部会、農産部会、国防部会、国土交通部会などがあり、社会の各セクター・政策領域に対応する十数もの分野の声を吸い上げていました。

自民党の議員はいずれかの部会に所属することになり、こうして特定の分野に詳しくなると同時に、業界での人脈も築いていく「族議員」が生み出される仕組みが出来上がっていきます。これらの仕組みが機能することで、日本社会のさまざまな利害関係者（ステークホルダー）の利益を集約・媒介できたのが自民党という政党でした。こうしたシステムを完成させたことも、自民党の強さのもう一つの源泉であったと言えるでしょう。

さらに前章でも言及した「事前審査制」によって、いかなる政策を実現していくのか、何を争点化していくのか、党があらかじめコントロールすることができました。これを可能にしたのは、長らく政権の座にあって、政策資源の一つとして官僚機構を使いこなせたためでした。

族議員をはじめとする自民党の国会議員はそれぞれ後援会に支えられており、そこから民意を汲み取るという、ボトムアップ型の合意調達の仕組みが出来上がっていたわけですが、それに加えて、こうした事前審査制によるトップダウン型の意思決定システムを持っていることが、自民党の組織上の特徴だと言っていいでしょう。

以上をまとめると、経済の拡大によって生まれた成長資源をまず全国に配分し、それを元手に党内で利益と票を細かく反映させ、官僚機構を通じて資源を再配分するというのが、五五年体制下での「自民党システム」だったと言えます。富の生産と配分を同時に手掛けることができたことが、自民党の強さを支えました。しばしば保守政治家のブレーンを務める政治学者・北岡伸一の言葉を借りれば、冷戦と中選挙区、そして派閥政治という三位一体によって、この自民党システムは形づくられていきました。

†理念的で原理主義的だった社会党

以上の「自民党システム」の考察を通じて、五五年体制下の自民党の強さの秘訣はある程度、理解できたと思います。ただ、与党を論じることは、野党を論じることでなければなりません。そこで今度は視点を転換して、五五年体制下でもう一つの大政党であった社会党が、なぜ政権を奪取することができず、野党第一党の座に甘んじ続けたのかを見てみましょう。

日本社会党も一九五五年に再スタートを切ります。非共産主義左派政党の常で、戦前から社民主義とマルクス派の対立を抱える政党でしたが、サンフランシスコ講和条約に賛成する右派、反対する左派とに分裂していたのが統一を果たします。先に見たように、これを受けて保守陣営では同年一一月に、自由党と日本民主党による保守合同が実現します。

利益分配と党内多元主義を通じて対立を緩和することができていた自民党と違って、社会党では、左右両派が統一されても対立の禍根が残りました。プラグマティックでヌエ的な自民党に対して、社会党は左派政党であるよりもまず野党であるがゆえに、理念的で原理主義的たらざるを得ませんでした。ここですでに、与野党間で強いコントラストがあります。そして、理念的かつ原理主義的であるがゆえに、ますます政権から遠ざかるという悪循環に陥っていくことになります。しかも、一九六〇年には池田勇人内閣が発足、経済成長を重視して「所得倍増計画」を打ち出した結果、内閣支持率を約六割にまで持っていきます。六〇年代前半の日本の経済成長率は一〇パーセント弱、他の先進国の倍近くでした。そうなると、社会党が選挙に勝つ見込みはさらに薄くなります。

こうした状況にあって、憲法改正と自主憲法制定という、自民党が結党時から掲げていた数少ない理念的かつ原理主義的な指針に対抗して、自らの存在理由を護憲に見出すようになったのは、必然の成り行きでした。これには冷戦における東西対立も影を落としていますが、自民党との主たる対立軸として、社会党は「平和憲法の死守」を掲げることになります。これが、先にみた升味準之輔の定義が捉え切れなかった五五年体制の第二の局面での展開になります。

憲法改正を阻止するためには、改正に必要な衆参両院での三分の二の議席を自民党が獲得するのを阻止すればいい。つまり社会党は、三分の一プラスアルファの議席さえ確保すればいいわけです。こうして、政権与党を目指さない社会党が誕生することになります。

実際、一九六三年の衆院選で社会党が擁立した候補者は、定数四六七議席に対して一九八名で、半数にも満たない。六七年の衆院選で擁立した候補者は二〇九名、六九年の選挙では一八三名ですから、いずれも定数の過半数を下回る候補者数です。関係者の中には、党の懐事情から、そうせざるを得なかったと言う人もいますが、どのような理由であれ、政権奪取を目的とした政党ではなかったということに変わりはありません。これ以降、社会党は、院外の護憲派と手を結び、「平和憲法」を何としてでも守るということを自党の存在意義の一つとして見出すことになります。

政権を取る気がない社会党は、自民党にとって御しやすい相手です。なんとか成立させたい法案に社会党が反対したなら、決定的に重要な部分を除いて、一部修正に応じることで、社会党のメンツを立ててやる。社会党からすれば、それが手柄になりますから、ひとまず矛を収める。与野党が対峙しつつも、互いの妥協と取り引きからなる「一・五党体制」は、こうして作られていきました。

「国対政治《こくたいせいじ》」という言葉があります。与野党の国会対策委員会（国対）の幹部が、法案採決や審議日程について密室で話し合いをし、根回しをしておくことで、国会がスムーズに運営できるよう七〇年代に制度化された手法のことで、これによって結論はほぼ決まっていました。当時の社会党は、自民党の法案の六五パーセントほどに賛成していました。その上で国会での審議が行われ、採決へと移るわけですが、そこに至るまでに十分な根回しがなされないまま採決が行われると、野党はこれに反発して「強行採決」と非難する。いまでもこの言葉が使われることがありますが、もともとは、与野党の妥協と取り引きの構造から生まれた言葉なのです。

†社会党の「構造改革」路線とは?

社会党の基本路線について語る上で、もう一つ欠かせないのは、江田三郎らによって六〇年代に推進された「構造改革」路線の敗退です。

暴力革命を採用せず、社民主義的な議会制民主主義の実現を骨子としたこの路線は、アメリカの平均的な生活水準の高さ、ソ連の徹底した生活保障、イギリスの議会制民主主義、日本国憲法の平和主義を同時に実現するという江田の「社会主義の新しいビジョン」とともに認知されていきました。自民党政権の利益誘導政治によって豊かになっていった自民党支持者の一部も引きつけたため、田中角栄をはじめとする自民党政治家は、この新機軸に強い警戒心を抱いたと言われます。

もっとも、党内左派はこれを「日和見主義」と批判したため、一九六二年の党大会で「党の基本方針としてはならない」との議案が可決され、後退を余儀なくされました。六四年には「日本における社会主義への道」という綱領的な文書が党大会で承認され、自らを「社会主義革命の指導的政党」と再定義しました。現実主義路線を撤回して、あくまでも革命路線を貫こうとしたわけです。

「日本における社会主義への道」では、当時の日本が「社会主義革命の前夜にある」とされ、最終的には「社会主義政権」の樹立が目指されました。その過渡的段階で実現するのが社会党政権であるとの認識が示されています。この方針が公式に撤回されるのは、実に二一年後の一九八六年(「日本社会党の新宣言」)のことでした。しかし、先述のように、本気で政権を取ろうとするのであれば、なぜ総選挙で過半数以上の候補者を立てなかったのか、しかも「国対政治」で自民党と妥協と取り引きを繰り返していたわけですから、この文書での宣言はどう位置づけられるのかという疑問が浮かびます。

党幹部や党員がどう解釈していたのかはさておき、構造的に見れば、社会党は自らの理念を——実現し得ないほど——高く掲げることによって、自らの野党としての存在意義を高める一方で、政権獲得という具体的な目標を絶えず先延ばしにしていたのではないでしょうか。政治学者の空井護は、これを「野党化の論理」と呼んでいます。覆すことのできない自民党システムの中で、理念に生きる野党としての地位を守りつつ、あくまでも抵抗勢力として、自らの生存を図ること――ある意味では極めて合理的な身の処し方であったと言えるかもしれません。

小括すれば、五五年体制のもとでの社会党は、政権交代をめざす野党としては失敗したと言わざるを得ませんが、「抵抗型野党」としては成功したと言えます。

「抵抗型野党」としての社会党は、国民的な広がりを見せ、最終的には岸内閣を退陣に追い込んだ六〇年安保闘争の結果、生まれたと解釈することも可能です。

空井護の指摘に従えば、一九六〇年五月に新安保条約が強行採決されたことで、三〇万人を超す戦後最大規模の抗議デモが行われ、この国民的な抗議運動をみて社会党は、安全保障や憲法九条改正問題に集中して「塹壕戦」をすれば、国民の一定程度の支持を獲得できるだろうと考えた可能性があります。ここで、院外のランダムなオポジションと院内の抵抗型野党との不幸なボタンの掛け違いが生じたと言ってもいいかもしれません。

†西ドイツの社会民主党（SPD）の経験

日本社会党のこうした特徴を確認する意味でも、以下では簡単に、西ドイツの社会民主党（ＳＰＤ）の経験を見てみたいと思います（欧米各国の野党については、詳しくは次章で論じます）。

戦中の挙国一致内閣に参加したイギリス労働党は別として、西ヨーロッパ諸国の左派政党や社会民主主義政党の多くは、自己改革を行い、統治の経験を経ることで、現実主義的になる傾向が見て取れます。その典型例が西ドイツのＳＰＤです。戦前から党内で議会主義路線をとる右派と、革命路線を唱える左派とで分裂があった点などは、日本の社会党とも類似していました。

ＳＰＤは西欧最大の社民政党と呼ばれ、戦前には与党となった経験もあるものの、戦後は長らく野党の座にとどまっていました。もっとも、一九六六年になって、キリスト教民主同盟（ＣＤＵ）・キリスト教社会同盟（ＣＳＵ）と、ＳＰＤは大連立を成立させ、キージンガー政権が誕生します。このときＳＰＤが連立パートナーとなったのは選挙に勝ったからではなく、自由民主党（ＦＤＰ）が、ＣＤＵ／ＣＳＵとの連立内閣から離脱し、政権が議会の過半数を維持できなくなったからでした。言ってみれば、ＳＰＤは棚からぼた餅式に、戦後はじめて与党となる経験をしたわけです。

もっとも、この偶然の与党入りがあって、有権者はＳＰＤが与党の一員となっても、大きな問題がないということを知ります。戦後、長らく続いた保守政権に対してＳＰＤは差異化を図るためにも、西側陣営の一員としてのドイツよりも、東西に分裂した母国の早期統一を主張していました。また、キリスト教民主主義政党でもあったCDUを敵視し、世俗の原理を強調していたのですが、これが有権者の警戒感を引き起こしたこともあります。

一九五〇年代を通じてSPDの得票率はCDU／CSUの三分の二ほどにとどまり、太刀打ちできませんでした。こうした限界をみてとったSPDは、有名な「バート・ゴーデスベルク綱領」を一九五九年の党大会で採択します。この綱領でSPDは、一九二五年に作成された綱領にあったマルクス主義への言及を取りやめて階級闘争路線を放棄し、「できる限りでの競争を、必要な限りで計画を」と市場経済の原則を是認、また自国の再軍備にも前向きな姿勢を示します。

これを境に、SPDは「マルクス主義政党」ではなく、政治学で言うところの「包括（キャッチオール）政党」、すなわち階級利害ではなくホワイトカラーの利益にも重点を置き、利益団体などと有機的に結びついて党の集権化を進める政党として認知されるに至りました。

左派政党としての革命路線の放棄と自由民主主義体制へのこうした接近は、他の西欧諸国でもその後主流になっていきますし、社会党の江田ビジョンを生み出す原動力ともなりました。SPDでは、こうした自己改革に加えて、連立政権の一翼を担ったことで、政権担当能力を磨いていくことになります。革命路線を捨てきれず、そのことから、ますます与党の座から遠のいていった日本社会党との大きな違いが、ここにあります。

†社会党の二正面作戦

もちろん、政権交代を目指すことだけが野党の存在意義ではありません。政権を奪取するのではなく、政権に対して抵抗し続けることも、野党にしか果たせない大きな役割の一つです。

日本社会党に関していえば、「自然な与党」たる自民党に対して抵抗を続けるという社会党の選択を容易にさせた制度的条件もありました。

社会党が衆院選で、定員の過半数を超える候補者を擁立することがなかったにもかかわらず、野党第一党の地位を長期にわたって守ることができたのは、中選挙区制という当時の選挙制度も関係しています。この選挙制度の下では、その選挙区で約二割程度の得票があれば当選できましたから、労働組合の支持が得られれば議席を確保することができ、政党としては消滅することなくサバイブすることができました。

こうした事情もあって、社会党は労働組合への依存を深めていくことになり、これが野党にとどまることを可能にし、そのことによって、さらに組合への依存を深めるという循環を描いていきます。選挙制度の特性も、抵抗勢力としての社会党のあり方を許したわけです。後に見るように、そうした野党のあり方も、選挙制度の変更とともに、許されなくなっていきます。

ここで見ておかなくてはいけない、もう一つの政党があります。一九六〇年の安保闘争をきっかけに社会党内の右派が離脱して結党し、九四年まで存在した民主社会党（民社党）です。

先に述べたように、社会党は構造改革路線を放棄するに至りましたが、その理由の一つとして、社会党の「右側」に民社党が存在したことも指摘されています。既存の議会制民主主義を通じた改革を目指す構造改革路線は、社会主義路線と比べれば、だいぶ「右」寄りで、民社党がこれを支持したことからも分かるように、同党の路線との違いを説明することはほぼ不可能です。

民社党は選挙のたびに共産党と並ぶ三〇議席前後を得ていましたから、社会党にとって無視し得ないライバルです。こうして自身の右側に競合する政党がいることも、社会党を相対的な左にとどめた要因でした。もちろん、社会党の左側には共産党が存在したわけですから、社民党と共産党の中間に、社会党は押し込まれることになります。

このことから分かるのは、野党第一党たる社会党は、巨大与党の自民党と対峙するだけでなく、他の野党とも競い合わなければならなかったということです。与党は、基本的に全野党と対立します。穏健な複数政党制の中に放り込まれる野党の場合、与党だけでなく、その他の野党とも競争しなければならず、二正面作戦を展開しなければなりません。当時の社会党が「一・五党体制」に甘んじざるを得なかった、さらなる理由がここにあります。

†社会党の三つの欠点

成田知巳という、社会党書記長を務めた政治家は、党の機関紙「社会新報」に寄せて、当時の党の欠点を端的に指摘しています。一九六四年のことです。

一つは「党の日常活動、大衆工作、大衆運動の組織とその独自的指導の決定的なよわさ」です。院外の大衆運動と連携して社会党政権の樹立を目指すとしながら、その戦略そのものがうまくいっていないと言います。

この欠点は「議員党的体質」という二番目の欠点ゆえでもあります。当時、「議会主義者」などと揶揄された議員が、互いに足を引っ張り合って「党の地域における日常活動の不足」を生んでいるというのです。さらに三番目の欠点として挙げられるのが労組依存、すなわち「労働組合をあたかも個人後援会のように見なす安易で保守的な活動方式」に陥っていることだとされました。

当時の社会党が抱える三つの欠点の指摘は「成田三原則」と称されました。江田三郎が中心となって牽引した「構造改革」路線は、こうした状況の改善を目論むものでもありました。

ここで確認しておくべきことの一つは、江田ビジョンが掲げた「アメリカの平均した生活水準の高さ」、「ソ連の徹底した生活保障」、「イギリスの議会制民主主義」、「日本国憲法の平和主義」は、実践としては自民党が多かれ少なかれ実現していたということです。ですから、社会党が構造改革路線を放棄せずにその実現を追求し、過半数を上回る候補者を擁立していたとしても、それが本当に政権奪取に結びついたかどうか分かりません。社会党が、政権党を目指す戦いをせず、塹壕戦に徹することになった背景には、こうした難しい条件もありました。その意味では五五年体制下の社会党の戦い方には、野党としての合理性がなかったわけではありません。

†「一・五党体制」の終焉

「一・五党体制」としての五五年体制は一九九三年、時の宮沢喜一内閣に対して野党から不信任案が提出され、これに小沢一郎や羽田孜《つとむ》など自民党の造反組が賛成したことで、終焉に向かうことになります。

この時の解散総選挙で非自民の八党会派による細川護熙《もりひろ》連立政権が発足します。翌九四年に自民党は、社会党、さきがけと連立を組んで、早々と政権復帰を果たします。

ここでポイントとなるのが、ポスト五五年体制に入ってから、連立政権が常態化するようになり、かつてのような一党優位体制が見られなくなるということです。橋本内閣と小渕内閣の一時期を除けば、すべてが連立政権となります。巨視的に見れば、自民党の一党優位体制は六〇年代がピークで、その後、徐々に構造的基盤を弱体化させていきます。

具体的に言えば、六〇年代から自民党は、得票数を少しずつ減らしていきました。数字で言えば、一九六七年の選挙（第三一回衆議院選挙）で、絶対得票率五〇パーセントを割って以降、自民党はその水準を回復していません。その背景には、高度経済成長を契機とする日本社会の構造的な変動があります。この過程で、農村部から都市部への大規模な人口移動が生じ、産業構造の変化があったのです。

労働者の側にも変化があります。社会党が左派と右派とで揉めていた頃の一九五九年に勃発した三池争議では、三井鉱山三池鉱業所が経営難に陥り、従業員約一万五〇〇〇人のうち約四六〇〇人の退職募集を提案、一二〇〇人余の指名解雇を通告して大争議に発展しましたが、翌六〇年一一月に、労組が指名解雇を認める形で終結を迎えます。労組側の敗北に終わったこの争議は、階級闘争がもはや成り立たなくなったことを象徴する出来事でした。六〇年代後半に入ると、ストライキなどの争議は減少していきます。

東京オリンピックの四年後の一九六八年に、日本は国民総生産（GNP）で世界第二位の経済大国へと躍り出ます。都市化が進み、就業人口に占めるホワイト・カラーの割合も、七五年になって六割以上となります。こうした産業社会の変化が、一党優位体制の構造的基盤を揺るがし、六〇年代以降に入って、多党化の流れが強まっていきます。いくつか実例を挙げると、六四年には公明党が結成され、七六年には自民党を離脱した河野洋平らが新自由クラブを結党、七八年には社会党を離脱した議員らによって社会民主連合が結成されます。

一九六〇年から七〇年にかけての一〇年間で、日本社会は大きく変化し、人々の政治意識もこれにあわせて変化しました。それまで政治の争点となっていたのは、政治学者の綿貫譲治の言葉を借りれば生産や賃金、インフラなどの再分配に関わる「経済の政治」か、憲法や平和主義などに関わる「文化の政治」のいずれかでした。それが七〇年代までには、もっと生活に密着したライフスタイルの問題や政治そのもののクリーンさなどが、争点として重視されるようになっていきます。そしてそれは、都市部の有権者が重視するものでした。

†日本社会の大変動

菊地史彦著『「幸せ」の戦後史』は、家族や労働観の変化に焦点を当てて、映画や歌などのサブカルチャーに材を取って戦後六〇年の社会意識の変容を追った好著ですが、そこにこんな話が出てきます。

一九六二年に公開された映画『キューポラのある街』は、吉永小百合の演じるジュンが、高校進学を断念して家族のために働く姿を描いた一篇でした。成績もよく、才能があっても、家庭の事情で進学を諦めて、工場の労働者として生きることを選択する。しかしその七年後の六九年に刊行されて、ベストセラーとなった庄司薫の小説『赤頭巾ちゃん気をつけて』で主人公となるのは、東京の中産階級の子弟で、何にも満たされないアンニュイな日常生活を送る薫です。

『キューポラのある街』でのジュンと、『赤頭巾ちゃん気をつけて』の薫。この二人が登場する時間差は一〇年もありません。それだけ社会が大きく変化したわけです。社会の大きな変化は、政治の大きな変化を引き起こしていきます。

具体的には自民党の一党優位体制の衰退と多党化現象となっても表れ、これに伴い与党と野党、野党と野党の関係も変化していきます。その過程では、様々な野党間連合が模索されました。

たとえば一九七〇年には、公明党と民社党が中道連合を組むことで一致します。それに社会党を加えた三党体制も模索されました。江田三郎はこの構想に前向きでしたが、委員長だった成田知巳は共産党との共闘を優先し、選挙結果も芳しくなったため、実現には至りませんでした。

一九七九年には再び公明党と民社党が接近して、中道派をとりまとめようとします。翌八〇年には参院選が近づいていたこともあり、社会党と公明党の間で、社公連合政権構想が打ち出されます。これは社会党と公明党による連立政権を目指すものでした。その政策大綱を読むと、いまで言う持続的な成長や安定雇用、生活保障、地方分権などが謳われていて、斬新な内容を含んでいます。こうして、社会党と公明党と民社党という、野党間の協力体制が模索され続けます。一九七九年には、小説家の松本清張も仲介に入り、共産党と公明党の支持母体、創価学会との共闘、いわゆる「創共協定」が模索されました。

自民党の党勢に陰りが見えるなか、それによって空白が生じた部分は、野党にとってチャンスとなります。しかし野党ブロックの中で中核となる社会党がその他の野党と円満な関係を築けなければ、この空白は埋まりません。にもかかわらず社会党は、党内左派が主流を占め、それまでの共産党との選挙協力関係もあって、なかなか軸足が定まらない。

結局、大平内閣に対する不信任案が一九八〇年に可決され、衆参ダブル選挙となったこともあって、社公民路線は腰砕けに終わります。大平総理は当時、公明党に対し連立を呼びかけていたとも言われていますから、政党政治の枠組みがかなり流動的になっていたことは事実です。しかし、共産党、社会党、公明党、民社党と、出自も主張も異なり、かつ権力という接着剤もない野党同士が違いを乗り越えて一緒に行動することは至難の業でした。今も課題として残る、野党間の共闘という問題です。

†移り変わる争点と選挙

一九六〇年代から八〇年代にかけて、政治における争点として、どのようなものがあったのか、ここで概観しておきましょう。

まずは、自衛隊および日米安保条約は合憲か否かという憲法問題が、重要かつホットな争点であり続けました。こうした安保・国防問題のことを「ハイ・ポリティックス（高次の政治）」などと呼びますが、こうした問題は政権交代がなければ、あるいはあったとしても、国際政治の構造上、簡単には変えようのないものでした。しかも選挙で争点化しても、票が政党間で動くようなことはなく、公明党を含む野党は、競合する自民党や支持者の手前、日米安保や自衛隊には反対と言わざるを得なかったものの、だからといって票がそのぶん増えるわけではないというジレンマに陥ります。こうしたなかで、争点としての利益政治批判が浮上してくることになります。

たとえば一九六六年には、農林中金からの不正融資など、自民党議員による複数の汚職が明るみに出て、永田町は「黒い霧」に覆われていると言われ、与党自民党は強い批判にさらされました（「黒い霧事件」）。一九八八年には、与野党の政治家を巻き込んだリクルート事件という贈収賄事件が起きて、世間を揺るがしました。翌八九年の参院選では「マドンナ（土井）旋風」が起こり、社会党は自民を過半数割れに追い込みます。これ以降、自民党は参院での単独過半数獲得に失敗し続けます。九〇年の衆院選でも社会党は六〇年代の勢いを取り戻します。五五年体制が終焉するきっかけともなった一九九二年の佐川急便事件まであと少しです。自民党に自浄作用がないなか、野党は、こうした政治腐敗を糧に躍進をしていきます。

こうした汚職を生む原因の一つは中選挙区制にあると言われ、選挙制度の改革が目指されることになります。そして、後に見るようにこの制度変化が、野党のあり方を大きく変えることになります。

中選挙区という選挙制度と汚職は、どのように関係していたのでしょうか。当時の選挙制度の場合、その選挙区で二割程度の得票があれば当選できるので、候補者は選挙区内の有力者や業界団体に頼れば当選できることになる。こうして、地元の有力者や業界団体との太いパイプが形成され、晴れて当選した議員たちは、それまでの支援の見返りとして便宜を図ることになる。これが汚職を生む土壌となる、と指摘されていました。しかも、何らかの形で汚職で有罪となっても、その後の選挙で一部の支援者が動員されて当選すれば、「みそぎは済んだ」とされて、再び議員として活動できてしまう。

先に見たように、五五年体制が終焉する一九九三年は、時代の大きな節目となった年です。バブル経済の崩壊もありました。

政界では、宮澤喜一首相が選挙制度改革を公約したものの、党内の意見をまとめきれず、次の国会へ先送りしたために、野党が猛反発。社会党、公明党、民社党が共同で内閣不信任案を提出すると、羽田・小沢派ら自民党議員三九名が賛成に回り、不信任案が可決されます。その数日後に武村正義らが自民党を離党し、新党さきがけを結党。「談合政治」という旧来型の政治の打破を目指していた小沢一郎らも離党し、新生党の結党へと至ります。

自民党が分裂するなかで、八党派連立による細川内閣が一九九三年八月に誕生します。翌九四年には与野党の合意のもと、公職選挙法が改正され、九六年の選挙（第四一回衆議院選挙）から、ついに小選挙区比例代表並立制が導入されることになりました。

†汚職と小選挙区比例代表制

留意しなければならないのは、五五年体制が終わったのは政策をめぐる対立ゆえではなく、自ら引き起こした汚職問題に自浄作用を発揮できなかった与党への批判が、世論・野党・メディアのスクラムによって最高潮を迎えたからだということです。それゆえに、細川護熙が佐川急便から借金をしていたということで強いバッシングを受けることにもなりました。

「汚職が良い」という有権者や政治家はまずいません。そうであれば、「汚職は問題だから、どのようになくすのか」という方法をめぐって議論が交わされることになりますが、これは「合意的争点」であって、対立軸とは言えません。この時代の対立軸は強いて言えば、「守旧派」と「改革派」の対立ということになりますが、あくまでそれは政治をめぐるフォーマットについての対立であって、政治のコンテンツがどうあるべきかについての対立ではありませんでした。

小沢一郎が幹事長に就任した新生党は、一九九四年に新進党へと発展します。新進党には新生党のほか、細川護熙らの日本新党や公明党（九八年改選の参院議員と地方議員除く）、民社党などが参加します。

それというのも、小選挙区比例代表並立制（当時は小選挙区三〇〇、比例代表二〇〇）のもとで、中選挙区時代のように一政党から複数候補を出していては、一名しか当選しない小選挙区において野党は共倒れしてしまうからです。これが「非自民」「政治改革」の一点でまとまっていた細川政権を支えていた諸政党の多くが、新進党に結集した最大の理由でした。力を合わせなければ、社会党およびさきがけと連立を組み、「不自然な与党」として一九九四年に政権復帰した自民党に太刀打ちできない。そう判断したのでした。前年の九五年に行われた参院比例区での得票率で新進党は自民党を上回り、政権交代も視野に入ってきます。

小選挙区制は二大政党制を助長する効果があるというのは、当時の選挙制度改革の中でも指摘されていたことでした。五五年体制のもとで、保守合同を果たした自民党も当時、小選挙区制導入を模索していました。

政治学では「デュヴェルジェの法則」と言いますが、一名しか当選しない選挙区で有権者は自分の一票を死票にしたがらず、候補者も当選しそうな政党に所属したがることになりますから、小選挙区制では結果として二つの政党が優位になります。候補者数を見ても、一九九六年に選挙区候補者は一二六一人いましたが、二〇〇五年には九八九人まで漸減していっています。こうした制度的特性がその後の政党政治の展開、ひいては野党のあり方に大きく影響を及ぼすことになります。

果たして、一九九六年の総選挙では自民二三九議席、新進党一五六議席と、非自民ブロックは惨敗を喫します。ただ、野党第一党として新進党がこの時、過半数を上回る三六一名の候補者を擁立したことは特記しておくべきことです。もはや野党第一党としての使命は、抵抗勢力として与党に抵抗することではなく、政権交代を目指すことにあると明示したからです。ここに、それまでの五五年体制との、もう一つの断絶を見て取ることができます。

ただ、この時も、非自民ブロックが出自も主張も異なる政党や集団（もっといえば政治家それぞれの性格も）の呉越同舟だったことに変化はありませんでした。総選挙での敗北を受けて、細川首相の後釜だった羽田孜元首相らも離党、太陽党を結成することになります。新進党は解体されます。

†民主党の誕生

この混乱の最中に、新党が生まれています。一九九六年、元自民党の鳩山由紀夫さきがけ代表代行を中心に、さきがけ議員のほか、社民党（旧社会党）と新進党の一部議員が合流した民主党でした。選挙直前の九六年九月のことです。これが、新進党解党以降の太陽党を含む非小沢系政党・グループを吸収して再スタートし、九八年には衆参あわせて五五名の議員を擁することになります。これが、二〇〇九年に政権交代を果たすことになる民主党の原流です。整理すれば、九八年までに民主党は、公明党を除いて、砕け散った新進党の断片のほぼすべてを吸収し、当時はやり始めた言葉を借りれば「リベラル」の軸を形成していきます。政党支持率でも、小泉政権期を除き、自民党に肉薄していくようになります。

五五年体制が崩壊したことによって、抵抗勢力であることに存在理由を見出していた社会党（社民党）が没落し、自民党と新進党（新生党）が対峙する構図は、保守中道政党による二大政党制時代の到来を予想させるものでした。

もっともその後、新進党は旧自民党の小沢一郎に対するアレルギーから、分裂していくことになります。それは旧保守vs.新保守という本来的に成り立ち得ない政治的対立軸の不自然さが表面化したものでもありました。新進党やさきがけ、日本新党など、ポスト五五年体制に生まれ、旧保守に引導を渡した政党の多くは、新保守主義を基本路線としていました。小沢一郎、鳩山由紀夫、羽田孜、武村正義も、自民党の議員です。四人とも一九九三年に自民党を離党し、小沢は新保守主義路線の政党を結成、鳩山はリベラル路線の政党を結成したということになります。

そう考えると、自民党がいかに巨大な包括政党であったかがよく分かる一方で、選挙制度の変更もあって、自民党が長い凋落の果てに純化路線へと傾斜せざるを得なくなっていくことも理解できます。

†ポスト五五年体制の争点群

二〇〇三年に、それまで模索されていた小沢一郎率いる自由党が民主党に合流して、「民由合併」が実現します。これは、中道保守とリベラルに分裂していた野党ブロックが、一〇年をかけてリベラルの軸に収斂するプロセスの完成でもありました（ここで言うリベラルの意味内容については、すぐ後で見ていきます）。民主党との政策協議を済ませた小沢一郎は、この時にはすでに新保守主義路線を捨て去る姿勢をみせていました。

このポスト五五年体制期で主要な争点となったのは、PKO協力法といった「ハイ・ポリティックス」に属する旧来型のものに加え、規制緩和の推進や行財政改革など、五五年体制という旧体制の残滓を追放しようとするものでした。いわばこれは、五五年体制の惰性とその債務処理とでもいうべき争点群です。

ただ、それと並行して、在日韓国・朝鮮人の権利擁護の問題（指紋押捺問題）、夫婦別姓の是非、臓器移植・脳死の問題、あるいは薬害エイズ事件といった倫理や人権の領域にまたがる問題、個人の自由や生活スタイルにかかわる争点が、顔をのぞかせるようになっていきました。それまでなら、二次的な争点に過ぎないと考えられてきた「ロウ・ポリティックス（低次の政治）」の前面化です。これらの問題が世間やメディアを大きく賑わす一方で、政党の次元でこれらが大きな編成原理や潮流となることはありませんでした。

もっとも、争点群の比重が変化していくなかで、政党政治との乖離が生じていることに敏感だったのが、民主党という政党でした。

民主党は当初からリベラルという価値観を掲げ、当時の言葉で言えば消費者主権の確立を謳いました。その点でも、労働組合への依存という、工業型社会を前提とする社会党と、ポスト工業型社会における有権者の意識を捉えようとした民主党には大きな違いがありました。自社さ政権で厚生労働大臣を務め、薬害エイズ事件で全国的な知名度を得た菅直人が、江田三郎とも親しい市民活動家出身であり、一九九八年に民主党の初代代表に就任したことは極めて象徴的でした。

†民主党の躍進

民主党は当初、内部の多様な意見の対立の顕在化を避けると同時に、既成政党との差別化を図るために、政党の綱領を設けませんでした。その代わり、九八年に「私たちの基本理念」がまとめられています。

そこには、「『生活者』『納税者』『消費者』の立場を代表」し、「『市場万能主義』と『福祉至上主義』の対立概念を乗り越え、自立した個人が共生する社会をめざし、政府の役割をそのためのシステムづくりに限定する、『民主中道』の新しい道を創造」することが自らの役割であり、そのためには「政権交代可能な政治勢力の結集をその中心となって進め、国民に政権選択を求めることにより、この理念を実現する政府を樹立」すると書かれています。

すでに触れましたが、民主党が躍進するさらなるきっかけは、二〇〇三年の自由党との合流でした。

これは民主党代表の鳩山由紀夫が、自由党党首の小沢一郎に対して再度、合併の申し入れをし、党内調整を経て実現したものです。当時の首相は圧倒的な人気を誇る小泉純一郎でした。七〇パーセント近くの高支持率を背景とする小泉政権を前に、野党の側は、非自民勢力の結集を図らなければならなかったわけです。

民由合併が実現し、選挙にも強い小沢一郎や、元大蔵官僚の藤井裕久を得ることで、民主党のバージョンアップが進んでいきます。これは従来の野党間協力ではなく、新進党以降の政党政治のモデルとなる、政党組織を合併・吸収していく野党戦略の先駆けでもありました。窓の水滴が、他の水滴とくっつきつつ、より大きな水流を形作るようなイメージです。

このことも功を奏し、二〇〇三年の総選挙で民主党は、解散前の議席数を大きく上回る一七七議席を獲得します。得票率六〇パーセント以上という、一九六〇年代の得票率を回復した小泉自民党の圧勝となった二〇〇五年の郵政総選挙では一一三議席と惨敗しますが、二〇〇七年の参院選では六〇人当選、非改選の四九と合わせて一〇九議席を獲得して、参議院で第一党へと躍り出ます。さらに、二〇〇九年の総選挙では絶対安定多数を上回る三〇八議席を獲得し、結党から約一〇年をかけて与党の座に収まります。

ちなみに、この政権交代選挙で民主党は小泉自民党を上回る議席を獲得しますが、それだけの議席数を獲得できたのは、社民党とのあいだで選挙区調整を行い、共産党もそれまではほぼ全選挙区で候補者を立てていたのを撤回して半数程度に絞り込んだためでもありました。これによって、乱立していた野党ブロック内での候補者数が従来の約半分にまで減ったことが、民主党圧勝の鍵となりました。衆参両方の選挙を通じて単独で過半数を得た政党は民主党が初めてです。

ただ、そこには今に続く深刻な問題が残りました。非自民の残党をかき集めるようにして勢力を拡大したために、同じ民主党の議員でも、政治的な信条や価値観がますます多様化していき、リベラルという結集軸が弱まっていったことです。

二大政党化への圧力がかかる制度的環境の中で党勢を拡大するには、異質な政治家を抱え込まなければならない。しかし、あまりにも異質な存在を抱え込めば、今度はそれが分裂の種ともなる。五五年の社会党の左派・右派の合流や自由党と民主党の保守合同などでも、それは同じことが起きていました。ただ、自民党は長年にわたり与党であったために、権力や利益の分配を通じて妥協を迫ることができました、原理原則よりも人物本意の政治カルチャーを持っていたこともあって、組織を統制しやすかったと言えます。政権の座に就いた寄り合い所帯の民主党は、党内のガバナンス（統治）をいかに実現するかに苦しめられました。

民主党は、旧自民党、社会党議員のほか、元官僚や松下政経塾出身の政治家、「政策新人類」などを迎え入れることで大きくなっていきました。さらに二〇〇三年になって、自由党が加わりました。これを率いる小沢一郎は自民党幹事長経験者であり、細川連立政権の立役者でもあり、これを機に民主党は政策論争だけでなく、選挙でも勝てるようになりました。しかしそれが、下野の遠因を作ってしまったことは皮肉でした。

†民主党が抱えたジレンマ

政治学者・木寺元の議論を援用すれば、政策的な許容性と包括性はトレードオフの関係にあります。つまり、多様な政策を許容する度合いが低ければ、多くの人を集めることも、勢力拡大もできなくなりますが、一方で、政策上の許容度をあまりにも高めてしまうと、今度はひどく雑多な議員集団と化してしまうので、党内ガバナンスが非常に難しくなるわけです。

自民党と新進党、その他の政党の断片をかき集めて図体を大きくしていった民主党は、政策的な許容性と包括性とのジレンマに常に苦しめられました。しかも、政権交代を目前にして政権担当能力があるということを証明するためには、リベラルな価値だけでは足りない。五〇パーセント＋一の有権者からの支持を得ないといけない選挙制度のもとで、選挙に勝つためにも自由党と合併したわけですが、いざ政権交代が実現してしまうと、政党組織を統合する原理を見失い、政権与党としての求心力を低下させていくこととなりました。

民主党政権が構造的に抱えることになったもう一つの問題が、鳴り物入りで掲げられた「マニフェスト（政権公約）」でした。「マニフェスト」とは、イギリスの選挙にならって民主党が二〇〇三年の衆議院選挙で用いてから浸透していったものです。それは有権者との約束が、従来の融通無碍で曖昧な「公約」によってではなく、目標が手順を追ってはっきりと示される「政権公約」でなければならないというものでした。

もっとも、二〇〇九年の総選挙に合わせて作成されたマニフェストは、本家イギリスのそれと違って、細部にわたって数値目標が記されていました。これが、政権の座に就いた民主党を自縄自縛に陥らせることになりました。つまり、マニフェスト通り目標が達成されなければ、それが批判を招くことになるのです。さりとて、現状に合わせてマニフェストを変えようとすると、そのこと自体が批判されてしまうという袋小路に入ることになりました。

マニフェストにもなかった沖縄米軍基地の県外移転の試みが混乱する中で鳩山首相は退陣を余儀なくされました。その後任として選ばれたのが、財務大臣の菅直人でした。彼は二〇一〇年の参院選直前に、やはりマニフェストになかった消費税増税を打ち出します。消費増税を棚上げしていた民主党に対して、自民党が消費税率引き上げを示唆したところに「抱きつく」ことで、菅直人は政権担当能力を証明しようとしたわけです。もちろん、マニフェストになかった消費増税は、世論と党内から批判を浴び、支持率を急落させていきます。二〇一〇年の参院選でそれまで第一党だった民主党は敗北、自民党が第一党となって、二〇一三年までねじれ国会が継続することになりました。

消費増税問題は尾を引きます。菅首相の後を襲った野田佳彦首相は「消費税増税に命をかける」と発言し、「税と社会保障の一体改革」で増税を実現しようとしました。これに反発する小沢一郎ら計五二名の議員が離党、民主党は結党以来、前例のない分裂状態に陥ることになりました。

†一九九三年以降の自民党

民主党の勢力拡大と衰退はまた、自民党の党勢衰退と回復の過程でもありました。それを確認するためにも以下では、一九九三年以降の自民党の変遷を簡単に見てみます。

この年に細川連立内閣が発足し、自民党は下野することになるわけですが、転機はすぐに訪れます。細川内閣は二六三日間の短命に終わり、それに続く羽田孜内閣は、六四日間という史上最も短命の政権でした。この連立内閣で第一党だった社会党とそれに続く小沢の新生党は、もともと五五年体制下で対立したもの同士です。新生党主導で物事を進めようとしたことで社会党は反発を強めて、連立から離脱します。

その間隙を縫って自民党は内閣不信任案の提出を決めます。社会党抜きではこれが可決することが確実だったため、羽田内閣は総辞職するに至ります。続く内閣総理大臣を決めるための首班指名で、自民党は社会党委員長の村山富市を、新生党は自民党を離党した海部俊樹元首相を指名するという、ねじれが生じます。衆院本会議の投票でいずれも過半数に達しなかったために決選投票が行われ、そこで村山が選出され、結果として自民党、社会党、さきがけによる連立政権が発足することになりました。

もっとも、自民党が社会党政治家を、対する新生党が自民党政治家を首班指名するという、このねじれた構図も、五五年体制を代表する「守旧派」と、その構図を一掃したい「改革派」との対決だったと解釈すれば、それほど複雑なことではありません。

その後の推移を駆け足で辿ると、一九九六年に橋本龍太郎内閣、九八年に小渕恵三内閣、二〇〇〇年に森喜朗内閣、二〇〇一年に小泉純一郎内閣と自民党政権が継続していきます。ここでの特徴は、五五年体制時にはライバルだった社会党と組むことで、「抵抗型」野党としての存在意義を失わせるとともに(実際、社会党は一九九六年に社会民主党へと改称します)、ポスト五五年体制の対立軸となりつつあった「守旧派」対「改革派」のうち、自民党が「改革派」へと大きく舵を切っていったということです。

具体的には、「新自由主義」と呼ばれる政策パッケージを矢継ぎ早に放っていくことになりました。「新自由主義」は小泉政権の代名詞のように言われますが、実際には橋本政権の時から、行政改革、財政改革、財政赤字削減、社会保障改革といった、新自由主義的な政策メニューは出揃っていました。こうした改革路線を前面に掲げたことが、一九九六年の総選挙で新進党の伸張を抑えての自民党の勝利につながります。

†「ネオ自民党」の誕生

新生党や新進党に始まり、民主党に至るまで、野党勢はその主役を変えつつも、常に「反自民」であることを錦の御旗にし、それを凝集力としてきました。その反対に、自民党は看板を変えずに、その中味を入れ替えるという芸当を成し遂げます。それも「自然な与党」たる自民党が政権の座から転落するという経験をしたからです。これが後の小泉自民党のもとでの「ネオ自民党」の誕生のきっかけとなります。

そもそも、長期にわたって政権を担当してきた与党にとって、それまでの基本方針の枠組みや政策のパラダイムを変更することは難しく、惰性と慣性で動く官僚機構も大きな変革を嫌います。党としての意思決定の仕組みも、大胆に変えるわけにはいかない。そのため、下野した時こそが、政党にとって、自らの組織改革を進める絶好の機会となります。しかも、一九九六年の衆院選から小選挙区比例代表並立制が導入されることになっていましたから、それに合わせた組織づくりも求められていました。

すでに言ったように、中選挙区と違って小選挙区では、五〇パーセント+一の票を得なければ勝てません。それには、個人本位の選挙から政策本位の選挙へと転換しなくてはならず、政治家個人ではなく、政党としてのブランドを確立する必要がありました。試行錯誤の末、定着することになったのが新自由主義路線でした。

農業、建築、医療・福祉などの諸分野で、政官業が当該分野の政策をコントロールし、相互利益を図る「鉄の三角形」によって各領域の利益を確保するという五五年体制下の「自民党システム」は、経済成長と財源拡大を前提としていました。高度成長が一服し、七〇年代には石油危機を経験したわけですから、自民党の党勢に陰りが見えるようになったのも当然です。バブル崩壊後に、新自由主義へと政策パッケージを転換した背景にはこうした事情がありました。

得票率が頭打ちになってからの自民党は、中曽根政権、橋本政権、さらに小泉政権と、「自民党システム」そのものを対象とする行財政改革を遂行し、それによって自己革新を成し遂げていきます。親米かつ新自由主義という路線が、「ネオ自民党」の原型となります。

徹底した新自由主義路線を進めた小泉政権下では、それまで自民党を支持してきた利益集団や圧力集団の多くが、実質的に解体していくことになります。不況の影響もありますが、自民党への企業献金の総額もピーク時の二割ほどまでに減っていきます。

宮本太郎の図式に従えば、新自由主義へと転換するまでの自民党政治は、政官財による成長ネットワークと、政官業による保護ネットワークの双方を取り込むことで、比類のない安定性を実現していたわけですが、それがもはや維持できなくなったことで新自由主義路線へと跳躍することになります。

政策ではなく、政治として見た場合、新自由主義がもたらした認識上の転換は、革命的なものでした。それは、政府が何をどうするかということを政治の場で問うのではなく、政府それ自体が問題だという視点の転換を行ったからです。新自由主義の第一世代であるアメリカのレーガン大統領やイギリスのサッチャー首相、さらに一九八二年からの中曽根康弘首相も、この認識の転換を促しました。下野を経験した九〇年代以降の「ネオ自民党」は、その延長線上で、成長ネットワークと保護ネットワークで出来上がっていたそれまでの「自民党システム」を自己破壊する方向へと舵を切っていきます。

二〇〇〇年代に入ってからの、小泉首相（当時）の「自民党をぶっ壊す」というスローガンと、「自民党システム」の象徴たる郵政事業の民営化政策こそ、「ネオ自民党」の完成形でもありました。

†理念的な「ネオ自民党」

それでは、「自民党システム」なき後の自民党には何が残ったのでしょうか。

ポスト冷戦期にあって、反共主義という政治姿勢はもはや通用しませんから、システムの背骨は抜き取られたような状況です。システムの肉であった利益分配も、ポスト工業化の進展による低成長と利益の細分化により不可能になりました。そこで、政治における対立軸は、より理念的で、ややもすれば観念的なものへと移り変わっていきます。

五五年体制下で、分配する利益もなく、争点を先取りされてしまっていた社会党が、理念的で原理主義的になっていったことを思い出してもいいかもしれません。もちろん、与党としての自民党と野党の社会党には大きな違いがありますが、いままでシステムの創造者および守護者として、いわば横綱相撲をとっていた自民党も、一九九〇年代以降の二度にわたる野党経験を経て、より攻撃的な態度をとるようになったことは間違いありません。その攻撃の矛先は、野党のみならず、政府そのものや既得権益、あるいは自らが作り上げてきた歴史そのものに向けられることになります。

二〇〇六年に首相となった安倍晋三が掲げた「戦後レジームからの脱却」は、「リベラル軸」を掲げて大同団結を遂げつつあった民主党への抵抗であると同時に、保守本流路線に対する反旗の表明でもありました。二〇一二年からの第二次安倍内閣は、外交政策で近隣諸国との融和・協調的な姿勢を打ち出していた福田内閣（二〇〇七〜〇八年）との差別化を図り、強硬な姿勢をとります。九三年の下野によって生まれ、小泉内閣の新自由主義で完成した「ネオ自民党」は、二〇〇九年の下野で、新たな自民党を生んだことは間違いありません。

新自由主義路線への方向転換は、一九八〇年代以降顕著になっていた都市型政党への脱皮と軌を一にするものでもありました。ただ都市部の有権者の多くは無党派層で、どの政党を支持するかは流動的です。それを補うのが、一九九九年から常態化した、公明党との連立と選挙協力です。基礎体力の落ちた自民党が公明党に期待するのは、強力な集票マシーンとしての機能です。自民党であっても八〇年代後半以降、衆参にまたがっての単独過半数を獲得するのは難しく、公明党との選挙協力がなければその得票率はさらに低下することはほぼ間違いありません。

ポスト五五年体制における政治のあり方は、「コンセンサス型」から「振り子型」へと変化し、民意もスウィングしやすく、それが表れやすい仕組みになっています。

二〇〇五年の郵政解散総選挙では小泉支持を背景に自民党が圧勝したのに対し、そのわずか四年後の二〇〇九年の総選挙では自民党が惨敗し、民主党の地すべり的勝利がもたらされます。しかし、投票行動調査からは、この異なる勝利をもたらしたのは同じ無党派層だったことが明らかになっています。

民主党の政権運営の甘さもあって、二〇一二年の総選挙で今度は自民党が絶対安定多数（二九四議席）を確保し、第一党に返り咲きました。二〇〇九年と一二年の選挙結果を左右したのは、それまでの与党に対する有権者の失望です。それは、政党の掲げる政策や主張に「ポジ出し」するのではなく、それまでの与党の業績に対して「ダメ出し」をするような有権者が増えたということでもあります。こうした状況にあって、与党は経済政策で「ダメ出し」をされないよう慎重に振る舞う一方で、理念的な側面では「ポジ出し」をなるべくしてもらえるような主張を掲げることが合理的な戦略となります。

†ポスト五五年体制下の野党

序章でも触れましたが、多くの先進国で、体制批判的（反システム的）な野党は、例外的な存在となっています。

日本でも、五五年体制下では共産党も社会党も、議会制民主主義に異議申し立てを行い、国民からの一定程度の支持も集めました。議会制民主主義と資本主義は息苦しいものだったのです（それが、新たな政治運動と政党を生んでいったことは、ドイツの緑の党を論じた個所で触れました）。もっとも、こうした体制批判的な政党は、ポスト五五年体制に入ってから、体制に順応していきます。

民主党が野党第一党となってからは、国会において全会一致で法案が通る割合も増えていっています。民主党は当初、「野党だか与党だか分からない〝ゆ党〟」などと揶揄されましたが、実際に国会においては与党が進める政策に対して是々非々の立場で政策論争を挑みました。一九九七年に、民主党は「政策提言型の建設的野党」を目指すとの方針を固めています。

実際、小泉内閣期の民主党は、安全保障や外交政策については、かなりの割合で与党の政策に賛成しており、社会経済政策でも与党以上の改革志向をみせていました。これは、パラダイムの転換ではなく、パラダイムの中での競い合いをする二大政党制のもとでの政権獲得を目指す「政権交代型野党」の典型です。

社会党は、一九九四年に政権入りすると同時に、それまで否定していた自衛隊と日米安保を認めました。二〇一五年になって、安保関連法の廃止が目的とはいえ、共産党が複数野党による「国民連合政府」構想を打ち出して、政権獲得に本格的に乗り出しました。その中で、天皇が臨席する国会の開会式にはじめて出席するという姿勢もみせました。自衛隊や日米安保についても、即時廃止ではなく、それを可能にする状況を日本が主体的に生み出した上でと修正するようになりました。

こうした変化を見ても、反体制的な野党が存在する余地はこれまで以上に減っていっているように見えます。政権入りを前提としない野党が許されなくなっていると言ってもいいかもしれません。かつての「維新の会」や「みんなの党」のように、政権との協力関係を政党が探る光景は珍しくなくなりました。

†「自民ブロック」と「非自民ブロック」

日本で二大政党制が実現しているか否かは、定義次第というところがあります。もし、二大政党制の定義が「政権を担うことが可能な政党がほぼ二つに絞られる」という意味であるなら、日本もそうなっていると言っていいでしょう。

ただ、それはアメリカやイギリスのような二大政党制の実現を意味しません。それは、中道志向の有権者が多い社会構造を持っているからであり、衆院でも比例代表制が残存し、憲政上、衆議院と異なる選挙制度を参議院が持っているためです。これに、所属国会議員が五名以上いるか、一名以上かつ得票率が二パーセント以上獲得した場合、自動的に交付される政党交付金の存在を加えてもいいかもしれません。

この政党交付金は、一九九四年の政治改革（いわゆる政治改革四法）で導入されたものですが、民進党といった野党第一党でも、その収入の八割は交付金に依存しています（共産党はこれを返納しています）。一定程度の議員を集めておきさえすれば、政党自体を存続させることができますから、二つの政党に完全に絞られるということはまず考えられません。

したがって、これまで連立政権が続いてきたということもあり、大きな制度的変更がない限り、政権を担い得るのは、自民党を中心とする「自民ブロック」か、これに対峙する野党が形成する「非自民ブロック」のいずれかになると想定されます。これは具体的には、自民党と公明党がセットとなる連合（連立）政治と、その他の野党が協力する連合政治を本格化させるという選択肢となります。

考えてみれば、ポスト五五年体制のもとでは、二大政党制が喧伝されながら、実際には連立政権が一般的で、戦後のほぼ半分の期間が連立によるものとなりました。自公連立政権もそうですし、民主党政権もまた、社民党と国民新党との連立でした。

すでに長年続いた「自公ブロック」に変化がないとすれば、政権交代のために残る選択肢は、非自民の政党間の何らかの協力体制です。そうでなければ、安定政権を実現するには、現実のものとなった自民党と社会党、あるいは福田政権で模索された自民党と民主党との連立といった、不自然な数合わせしかなくなってしまいます。

簡単に言うと、小選挙区制を主体とする選挙制度にあっては、二大政党制への圧力がかかるものの、日本においてそれは不完全な二大政党制のままとなります。そうであれば、複数の政党からなる非自民ブロックを、統一的な野党ブロックへと転換しなければ、政権交代は難しいということになります。野党同士で票を食い合ってしまえば、与党を利することになるからです。ですから、いま日本政治において求められるのは、連立の作法をいかにして編み出していくかということです。

なぜなら、こうした「二大政党制を志向する二極ブロック間競争」にあっても、二大政党制と同じように政権交代がなければ、「民意の残余」が取り入れられなくなってしまうからです。五五年体制下の多元的な自民党が「ネオ自民党」へと変貌を遂げて、先ほど述べたように理念的な純化路線を歩む政党へと生まれ変わったのであれば、自民党を中心とする政権が長期化した場合、民主政治の多元性は失われていってしまうかもしれません。自民党の一党優位が持続できたのは、その内部に社会の多元性を取り込むことができていたからです。言うなれば、政権交代なき二大政党制は、民主政治にとって最悪の組み合わせとなります。

こうした観点から政権交代を望ましいとするなら、民主政治における多元性を担保しながらも、「非自民ブロック」を形成する野党勢が統合されなければなりません。それも、かつてのような民主党のように、政策許容性と包括性とをトレードオフにさせないままに、です。

これについては、二〇一四年の総選挙で安倍政権が続投を決め、自民党の「一強多弱」が印象づけられてから、様々な方策が唱えられるに至っています。先の共産党の「国民連合政府構想」、小沢一郎・生活の党が唱える、各候補者が新たな政党に集って選挙に臨む「日本版オリーブの木構想」、亀井静香が提案した、参院の比例代表部分の統一名簿を作成する「さくらの木構想」などです。もっと進んだ政党同士の合併は、二〇一六年三月に、民主党が維新の党を吸収する「民進党」となって実現しました。

†公開予備選挙のススメ

野党協力のさらなる方法として、これら非自民ブロックによる公開予備選（オープン・プライマリー）の導入を、ここでは提唱したいと思います。これは野党の代表それぞれが、自らの掲げる政策をめぐって公開討論を行い、その上で一般有権者の投票で決着を付け（二回投票制でも構わないでしょう）、一位となったものが野党ブロックの統一首相候補となり、総選挙に臨むというものです。国会召集時に首班指名を受けることになるこの首相候補は、各野党の議員などからなる閣僚名簿をあらかじめ開示しておいてもいいでしょう。

ここでポイントとなるのは次の三つです。

一つは、これが公開予備選であること、すなわち一般有権者が投票権を持つということです。党員でなくとも、かつての民主党のサポーター制度のように、一人一票を投票できるシステムにするということです。これによって、有権者自らの手で野党勢力を作り上げ、その中身を一定程度まで決めることができます。往々にして政党間協力は、楽屋裏でどのようなプロセスを経て実現するのか、一般有権者から見えず、それゆえ不信の目で見られることがあります。そのプロセスを透明化します。

もう一つは、それがフェアな競争によって決まるということです。野党同士が協力すると、与党やマスコミは「数合わせ」「野合」といった非難を始めます。そうではなく、それが民主的な方法と手段による協力であることを可視化させることが大切です。代表同士の討論は、テレビで、ネットで、各地のタウンミーティングで行ってもよいでしょう。

三つ目は、実際には多様な野党の代表同士が戦うことで、「民意の残余」が少なくなっていくことです。

たとえば民主党や維新の党も、一般党員やサポーターによる党首選を行っていましたが、これには自分の党の支持者たちを説得するプロセスしかありません。そうではなく、三つから五つくらいの野党の代表が、自党以外の政党を支持する有権者に対しても、支持を求めて訴えかけるわけですから、それはある定度、広がりのある政治的メッセージでないといけません。他党の支持者からつねに突っ込みが入れられる状態になるわけですから、単に理念的な話とか、耳に心地よい話だけでは済まなくなります。こうしたプロセスは、その後の国政選挙の場面で、与党に対して優位な論戦を繰り広げるためにも重要な経験となるはずです。

荒唐無稽な提案に聞こえるでしょうか。実はこの公開予備選は、非自民政党の実質的な寄り合い所帯だった新進党の代表選でも用いられ、実績があるということを忘れてはいけません。小沢一郎が代表に選出された一九九五年当時、一八歳以上で一〇〇〇円を納めた人であれば、誰でも代表戦に投票することができました。

こうした手法での野党ブロック代表の選出は、フランスやイタリアなどの野党勢力の間ではすでに定着しています。五五年体制下の自民党も、一般党員や党友にも総裁選に参加させることで、党内の多様な潮流の間でのバランスを実現させてきました。野党ブロックはそこから一歩進んで、非党員も同等に参加できるオープンなメンバーシップで、自らの代表を選出し、そのリーダーのもとに政権構想や政策を進めていくべきでしょう。

五五年体制下の「抵抗型野党」を残しつつも、その役割だけに野党をとどめていては何のための二大政党制か分かりません。そのためには非自民ブロック内で他の野党に競り勝って相対的な勝者になることを目指す野党ではなく、多様性を力に変えて政権奪取を目指す野党を作り出していかなければなりません。その仕掛けの一つが、野党勢による公開予備選なのです。

†仲間作りができる野党

このような新たな民主主義の革新が求められるのには、さらなる理由があります。興味深いデータがあります。元朝日新聞主筆の船橋洋一が理事長を務める「日本再建イニシアティブ」が実施した「民主党政権検証プロジェクト」では、検証の一環として下野した民主党の議員五十数名を対象にアンケート調査を行っています。その中で、「民主党政権が有権者の支持を失う決定的なターニングポイント」はいつであったかを尋ねています。

回答のうち、もっとも多かったのが、「二〇一〇年参院選での菅首相の消費税増税発言」(一四名)、次いで「普天間基地移設が当初案(辺野古)に戻り社民党が連立離脱した時」(一二名)、そして三番目に多かったのが「小沢一郎氏らの離党」(五名)でした。沖縄の基地移設を撤回したことで社民党が離脱し、さらにマニフェストになかった消費税増税によって、小沢一郎の一派を離党させてしまったのです。

こうして見ると、民主党政権が有権者の支持を失うターニングポイントの三つのうち二つは、それまで協力してきた仲間と折り合えず、彼らを失ったことが原因であることが分かります。実に一五年以上にわたって協力関係を築いてきた自公とは対照的です。「政党は競合と抗争に存在根拠と活力源を見出し、統合と連帯の中に展望を求める集団のこと」と定義したのは、連合政治の専門家でもあった岡澤憲芙の言葉です。民主党は路線を純化させようとするあまり、異なる立場を排除して、自ら敗北を招くことになりました。政治とは、異なる志を持つ者たちをまとめ上げ、仲間を作っていくことだとするなら、民主党政権は失敗をおかしたと評価されるのも故なしとしません。

野党勢力による協力関係なくして、かつての社会党のような「対抗型野党」から「政権交代型野党」への進化は望めません。そして、この政権交代は、目下のところ、何らかの形での連合政治によってでしか実現できません。

†連合政治のメリットとは?

連合政治とは聞きなれない言葉かもしれません。岡澤憲芙の言葉を再び借りるならば、それは競合関係にある政治家や政党などが共通の目標を達成するため、一時的な協同関係をとりむすぶ、というものです。連合政治は、細川連立政権の経験などもあって、日本では一般的によいイメージを持つ人は少ないようです。

しかし、見方によっては連合政治は、単独政権よりも優れた点があります。たとえば、かつての自民党のように派閥を中心に密室政治が行われて総裁が選出されたり、有権者の目に届かないところで利益誘導が行われたりと、単独政権は透明性が高くありません。

それに対して連合政治では、透明性が高まる可能性があります。たとえば自公連立政権で、安保法案をめぐって両党の代表者が折衝を重ねたことは、連日報道され、両者の相違がどこにあるかが明らかにされました。違いがあることを前提に政策形成を行うことは、透明性をより高くすることになります。

また、二大政党制の場合、党内には多様な意見があるとしても、五〇パーセント＋一の票を取りにいくために、政策決定の過程で、そうした多様性は単独政権のもとでは縮減されざるを得ません。結果として政策はどんどん薄く、広いものになっていきます。ですから、政党は党首や候補者イメージで勝負しようとすることにもなります。

それに対して連合政治では、勝者総取りを目指す必要はないので、政党は自らが掲げる政策を忠実に訴えることができます。言い換えれば、大政党による民意の総取りではなく、中小政党が集まって細かな民意を積み上げるというイメージです。そのためには、政権内での交渉が欠かせません。もちろん、そこでどのようなやり取りがなされたのかは明らかにされます。

次に、権力に対するチェック・アンド・バランスという意味でも、連合政治には優れた点があります。日本のような議院内閣制では、議会の多数派が内閣を形成します。これは、立法府である国会で多数派を占める与党が内閣（行政府）を組織するということですから、立法府、行政府、司法の三権分立というよりも、立法府と行政府が融合している二権分立に近くなります。官邸主導の政治によってこの傾向は強まっていますが、二大政党制の下での議院内閣制は、そもそも強権的な政権が誕生する可能性を秘めています。

これに対して連合政治であれば、連立を組んだ政党の間で、チェック・アンド・バランスが働くことになります。民主党政権や、安倍自民党のような純化路線は阻止されることになります。その分、バランスのとれた政策が実現することが期待されます。

もちろん、連合政治にも欠点はあります。合意形成に時間がかかったり、あまりにも無理な連立を組んだり。複数の政党からなる政権内での調整に失敗すれば、政権は脆くも崩れ去る可能性があります。しかし、完璧な政治などあり得ません。政治学者・篠原一の言葉を借りれば、連合とは「不一致なものの間に一致をつくり出す」作業、つまりは政治そのものとも言えるのです。

日本で連合政治が要請される三つ目の理由として、参議院の存在を挙げることができます。衆議院で多数派を占める与党が、参議院では少数派となって野党が多数派を占めるという「ねじれ国会」になると、衆院で法案が可決されても参院で否決されるという事態が生じ得ます。二〇〇七年以降の福田政権や、二〇一〇年以降の民主党政権はねじれ国会を抱えて、苦労しました。自民党が公明党と、民主党が社民党や国民新党と連立を組んだのも、参議院で過半数を維持・獲得するためでした。

反対に、自民党も民主党も、参議院で与党を過半数割れに追い込んで、インド洋給油法案や日銀人事、特別公債などの法案に抵抗し、存在感を発揮して、政権を追い詰めるということを可能にしました。民主党はねじれを利用して、ガソリンの暫定税率や年金流出問題などを明らかにして、現実主義的な政策提案もできるということを印象づけることで、二〇〇九年の政権交代のきっかけを得ることにもなりました。

いずれにしても、ねじれ国会が珍しくないものだとすれば、参議院の諸会派を取り込めるだけの広範な連合政治がやはり求められることになります。

†「ねじれ」と民主政治

この最後の「ねじれ」について、二院制を採用している国で「ねじれ」が生まれることは決して珍しくないということを強調しておきましょう。

アメリカでは、大統領と議会、あるいは上院と下院の多数派が異なる、「ディバイデッド・ガバメント（分割政府）」が常態化しています。戦後では一九五〇年代、八〇年代、九〇年代、二〇一〇年代のほとんどが、分割政府状態にありました。九〇年代のクリントン政権や二〇〇〇年代後半のオバマ政権も、発足してすぐにこの状態に直面して苦慮しました。

ドイツでは、下院に相当する連邦議会と、各州の代表からなる連邦参議院（上院に相当）は、それぞれ異なる制度で議員を選出しており、二つの議会の与野党構成は自ずと異なってきます。法案の半分程度は上院の同意がないと可決しません。連邦政府の与党が参議院の過半数を握っていた時期は三割にも達していません。しかも、多党化が進んだ近年、与野党ともに上院で過半数を握れないという状況になっています。

フランスの場合、上院の権限はさほど強くないので上下両院のねじれは深刻化しませんが、二〇〇〇年の憲法改正まで大統領の任期は七年、国民議会（下院に相当）議員の任期が五年だったため、大統領の党派と議会多数派が異なるという、いわゆる「コアビタシオン（保革共存）」と呼ばれる状況が過去に三回起こっています。

†「ねじれ」は真の問題ではない！

日本の「ねじれ」現象も、今に始まったことではありません。五五年体制が出来上がるまでは、むしろ「ねじれ」の方が常態でした。終戦直後から一九五五年までの一〇年間は、衆参両院で一つの政党が過半数を占めるということは殆どありませんでした。それでも、政治が停滞したわけではありません。だとすれば、「ねじれ」が生じるからといって、それが問題とは一概には言えないはずです。

衆参の多数派が異なるこの「ねじれ」は、五回にわたって生じています。ただ、一九八九年の参院選で社会党が大勝（「マドンナ・ブーム」）してからも、国会での与党提出法案が成立しにくくなったということはありませんでした。社会党と自民党がともに協調したからです。

反対に、小泉内閣が提出した郵政法案では、衆参ともに自民党議員の中から造反者が出て、小泉首相は参院の反対に対して衆院を解散しました。ですから、政策に対する反対は、ねじれだけに起因するとは限らないのです。

そもそも二院制は、異なる民意を異なる時間軸の中で、民主主義体制の中に取り込もうとする意思と知恵から生まれたものです。多数派ではない「民意の残余」に制度的な形を与えるものとも言えるでしょう。そうした意味で「ねじれ」は、現象としてのオポジションであるかもしれません。それは決して唾棄すべきようなことではありません。

次の章でも改めて論じますが、民意が「ねじれる」現象は、少なくない国で普通に見られる現象です。「ねじれ」を政治学的に言えば、「拒否権」（決定権はないが拒否する権利）を持つプレーヤーが出現するということですが、場合によってはこの「拒否権プレーヤー」は、多数派に対するオポジションの機能を果たすことがあります。つまり「ねじれ」は、民主主義におけるオポジションとは何か、野党性とは何かを考えることにもつながるのです。

オポジションが増えるということは、野党性が発揮される余地が広がって、物事が簡単には決まらなくなるということですが、逆に言えば、広範にわたって民意の同意を得なければ、物事を進められないということでもあります。そもそも二院制は、民意を分散させ、異なる回路で表出しようとする知恵です。世界の二〇〇弱の国のうち、八〇ヵ国弱が二院制を採用していると言われます。それは「民意の残余」をなるべく取りこぼさなくするための工夫なのです。

ですから、こうした「ねじれ」も、民主主義政治の安定に寄与していると言えます。民意が一枚岩であることも、動かないということもあり得ませんから、政治が「ねじれ」るのは、当然のことでもあります。

日本の政治体制は、憲法によるアメリカ流の権力のチェック・アンド・バランスと、イギリス流の強い議院内閣制を融合させて成り立っています。どの国の民主主義にも、特徴や独自性、長所と短所があります。その中で、試行錯誤を重ねながら民主主義を実践していっています。ですから日本も、自らの特徴を正しく認識した上で、統治機構改革などと大上段に構えるのではなく、制度上の問題があるのであれば、ファインチューニング（微調整）をしていくことが大切なのです。

†アメリカ、ドイツ、日本、それぞれの「ねじれ」

具体的に指摘してみましょう。

アメリカでは、行政部門と立法部門で異なる多数派を形成する「分割政府」が一般的になりましたが、民主党と共和党で党議拘束を設けないことでそれを乗り越えてきました。もともとアメリカでは政党に対する議員の自律性が高いため、法案ごとに各議員が賛成、反対を決めています。民主党の大統領が進める法案に、当の民主党議員が反対することもあります。しかし、それゆえに、合意に至ることができている面があるのです。

ドイツの場合を見ると、連邦議会と参議院とで意見が食い違った時には、法案審議合同協議会の開催が求められます。それによって、合意点を見つけられるよう、制度設計がなされているわけです。

これらに対して日本では、参議院が法案を否決した場合、衆議院で出席議員の三分の二以上の多数で再び可決すれば成案となると定められています。両院協議会が設置されることもありますが、予算や条約、首相任命以外については、設けるかどうかは任意です。

つまり、現行制度では、意見の相違があれば、再び数の論理で押し通すか、時間切れを待つかすれば、多数派の意見がそのまま反映されるようになっているのです。力の押し合いは効率的ではありません。したがって、衆参の結論が異なった場合には、必ず両院協議会を開催すること、その際は党議拘束を緩めるなどの取り決めができれば、争点ごとに、議会多数派とは異なる連合が形成されることで、衆参両院の対立も緩和できるようになるはずです。

†事前審査制と国会審議の空洞化

国会の制度には、まだまだファインチューニングする余地があります。すでに言及した自民党の事前審査制を見てみましょう。

この制度の下では、原則、自民党内の関係部会での了承と、総務会での全会一致の了承合意がなければ、政府は法案を国会に提出できないことになっています。これは、国会の多数派の了承をあらかじめ調達し、根回しをしておくのと同じことになります。そうなると議会の野党は、審議を引き延ばしたり、審議入りを拒否するといった消極的な抵抗しかできず、法案の中身にまで踏み込んで与党と修正協議を重ねることができなくなります。

実際、事前審査制が一九六〇年代に制度化されてから、国会の本会議の時間は極端に短くなったと指摘されています。つまりは国会審議の空洞化です。

ですから、国会が揚げ足取りやパフォーマンスの場と化しているのは、野党の姿勢だけではなく、与党の政策形成と決定のあり方にもよるのです。事前審査制を厳密に運用してしまうと、政府と与党が癒着し、これを官僚機構が支える形になります。そこでの調整が済んでしまえば、政権はあとは議会に丸投げするだけで済みます。もし事前審査制を取りやめれば、国会でもっと時間をかけた丁寧な議論が行われる可能性が出てきます。

端的に言えば、日本の国会における野党には、法案修正権を実質的には与えられていないのです。与野党間で審議を尽くし、法案を修正することが非常に難しくなっている。法案は可決されることが前提になっているので、それに向けて与野党でいかに審議時間を配分するかという「国対政治」が中心になっていきます。二〇一五年九月に参議院の安全法制特別委員会の公聴会が開催された際に反対意見がありましたが、それでも法案が可決されることはすでに決まっていました。それでは公聴会を開く意味がありません。

そうなると、野党としては、政府与党が提出した法案に、どれだけ問題があるのかを、重箱の隅をつつくような仕方で指摘するのが得策となります。テレビ中継が入ったことで、そうしたパフォーマンスを通じて、与党がいかに駄目かをアピールしたほうが世論に受けるからです。

しかも、国会の会期中に議決に至らなければ、その案件は次の会期で継続して審議することはないという「会期不継続の原則」があるため、成立させたくない法案があれば、野党は審議時間の引き延ばしを画策して、廃案に追い込もうとします。そうなると、与野党の国会対策委員会が、水面下で交渉をして落とし所を探ります。これではもう法案をいかによいものにするかではなく、いかにお互いの面子を立てるかという、妥協と取り引きしか成り立たなくなってしまいます。

もし、こうした点を制度的に改善していけるのであれば、日本の野党、ひいては政治のあり方も、大きく変わるかもしれません。

また、国会に付与された重要な権能の一つに「国政調査権」があります。衆参両院が国政に関して調査を行う権能のことで、証人に出頭・証言を求めたり、記録の提出を要求したりできるようになっています。しかし、現状では与党の賛成がなければ、野党は調査権を発動することができません。与野党合わせて三分の一以上の賛成があれば、国政調査権を発動できるといった制度改革が実現すれば、権力に対する野党のチェック機能も大いに高まることでしょう。

†健全な野党性のために

他の先進国と比較しつつ、日本の民主主義体制を特徴づけるとすれば、制度的には首相の権限は強いが実質的にはさほど強くなく、議会に対する政府の形式的な権限は弱いものの、実質的には強く、上院たる参院の形式的な優越性は強くないものの、実質的な関与という意味では強いと言えます。

これは中途半端といえば中途半端かもしれませんが、バランスが取れているといえば取れているとも言えます。したがって、こうした特徴は長所になることもあれば、短所になることもあります。もし緊張感のある政治、ひいては強い野党を求めるのであれば、野党に無理な期待をするのではなく、既存の制度的枠組みをどのように変えれば野党性がよりよく、より健全に発揮できるのかを考えることが必要になってきます。これが政治的なリテラシーです。

その時々の社会情勢や有権者が、強い野党と新たな野党性をつくるのは論を待ちませんが、それだけではありません。制度もまた野党をつくり、育てていきます。

これは政治の世界のみならず、企業や組織、サークルなど、人間が作る集団であれば普遍的に通用する話です。何か不具合が生じたり、うまくいかなかったりしたときに、血道を上げて犯人探しをしたからといって、問題そのものが解決するわけではありません。

何が原因で機能不全が生じているのかを冷静に分析し、何をどう変えたら少しでも状況がよくなるのかをシミュレーションしてみる。その上で、仕組みを少しずつ変えていく能動性を持つという経験が、野党とともに民主主義を前進させていくことになるのです。

第三章

野党を複眼的に考える

――ほかの国のオポジションたち

日本のこれからの野党について考えるためにも、ほかの国の野党とオポジションがどうなっており、野党性がどう発揮されているのかを知っておくことは有益です。政治は客観的な議論をするのが難しい分野ですから、他の国の政治と比較することで、長所も短所もよりよく把握できます。比較によってまず見えてくるのは、国によって民主主義のあり方は多様であり、したがって、一言で野党と言っても、実際には多様であるということです。

†多数主義型とコンセンサス型

野党のあり方をよりよく把握するために、その基礎となる民主主義のあり方を整理しておきましょう。一般的に民主主義は、アーレンド・レイプハルトという政治学者の提唱に従って、多数主義型とコンセンサス型にわけることができます。簡単に言えば、多数主義型とは「多数決で勝った政党や政治家がその支持者のみの利益になるような政策をとる」というもので、コンセンサス型とは「政党や政治家が不特定多数の多くの意見を聞き、コンセンサスを得られるような政策をとる」というものです。第一章で見た「振り子型民主主義」と「コンセンサス型民主主義」と類似しています。

多数主義型の基本的な特徴は、選挙制度は小選挙区制、政党システムは二大政党制、単独内閣が基本というものです。イギリスやニュージーランドがこれに該当します。対するコンセンサス型は、選挙制度は比例制であることが多く、政党システムは多党制で、連立内閣である場合が多い。スイスやオランダなどがその典型です。もちろん、この二つは民主主義についての上位フォルダのようなもので、実際には多くの下位フォルダがあります。ただ、最初の分岐点はここに置くことができるでしょう。

レイプハルト自身は、コンセンサス型民主主義のほうが強い経済や格差の少ない社会を実現できると判断していますが、実際にはそれぞれ長所と短所があります。民主主義にあるのはベターな実践だけで、ベストな制度というものはありません。

野党にひきつけて言えば、政権選択のしやすさという意味では、多数主義型のほうが優れていると言えます。多数主義型の場合、小選挙区制の特性から多数派が生まれやすく、選挙で勝利した政党が単独で政権を担う可能性が高くなります。つまり、選挙時の有権者の選択が政治にダイレクトに反映されるのです。また単独政権なので、政策の責任の所在が明確になり、次の選挙でその政権の業績を評価しやすくなります。A党とB党からなる二大政党制があるとして、選挙で多数派を形成したA党が政権を担い、その政権が失政したと判断されれば、次の選挙ではB党が多数派をとるというように、選挙結果が政権選択にストレートに結びつきます。

これに対してコンセンサス型は、選挙制度が比例制であるために、少ない得票で政党が議席を得ることができ、多党制になります。多数派を形成しにくいために、政権は連立となることが多くなります。逆に言うと、選挙の結果、どの党がどれくらいの議席を得て、どのような組み合わせで政権が出来上がるかは、大まかな枠組みはあるにせよ、有権者は事後的にしか分かりません。ある程度の予想は有権者にもできますが、最終的に政権構成がどのようなものになるのかは、有権者の意向よりも政党の判断によって決まることになります。

以上からも分かるように、多数主義型もコンセンサス型も、それぞれ一長一短があります。

もちろん、実際の政治制度はもっと複雑にできています。たとえば大統領制を採っているアメリカの場合、二大政党制ですから、その意味では多数主義型となりますが、他方で大統領の権限が弱く、司法権は強く、立法府は二院制を採っており、州政府に一定の権限を与える連邦制でもありますから、権力は分散されています。

†権力をどう分散させるか

このことからも分かるように、民主主義においては、権力をどのようにして、誰に分散させるのかによって、その機能の仕方が変わってきます。統治機構や執政制度を通じての

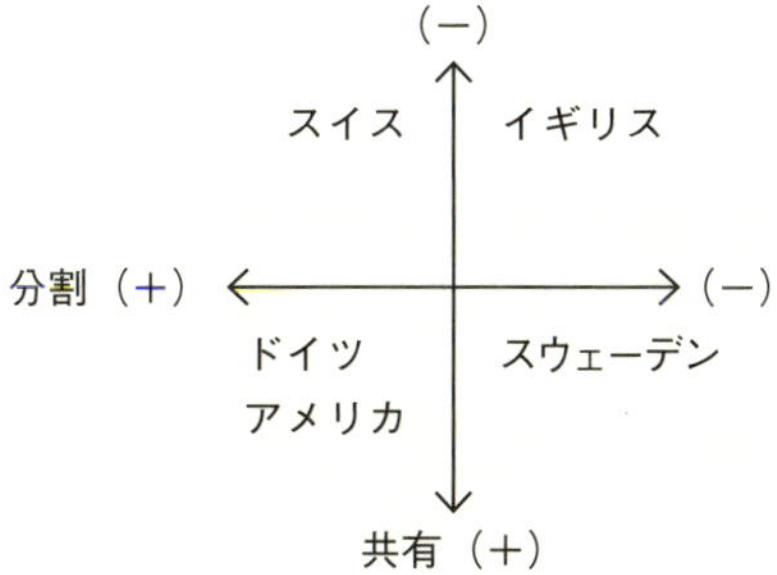

権力の分散のされ方が、従来の意味での権力のチェック・アンド・バランス（抑制と均衡）です。さらに、その枠内での積極的な権力の獲得によって、結果としてチェック・アンド・バランスが発揮されるのが、本書の言う野党性のことです。内閣の構成の仕方、議会に与えられた権能、連邦制といった統治制度、さらには院外のアクターの強さや関与のあり方。これらがどう組み合わさるかで、民主政の動きやあり方が変わってくることになります。

これを図にすると、上のようになります。ここで縦軸は、そこにおいて政府がどれくらい自律的かを表しており、横軸は、中央集権国家としての度合いを表しています。言い換えると、その国の内閣と与党が強いのか、また、どの程度地方分権的かを示しています。

イギリスの場合、政治権力は分割されてもいなければ、共有されてもおらず、内閣と議会に集中しています。こうしたタイプの国として、フランスを挙げることができますが、一般的に見られる下位類型ではありません。それに比べると、ヨーロッパ大陸の多くの国では権力は分割されており、共有度が高い国が多く見られます。ドイツやスイス、オランダなども、ここに入れることができるでしょう。日本は分割度が低く、共有度も低いカテゴリーに入れることができるでしょう。

野党のあり方も、ここで示した民主主義の分類に応じて変わってきます。すべての民主主義国を比較検討するわけにはいきませんので、以下では、この分類をもとに、イギリス、ドイツ、フランス、アメリカ、スイスといった国々の野党はどのように機能しているのか、それらの国の野党性は、どのように発揮されているのかを見ていくことにします。

†政権交代が前提——イギリスの野党

保守党党首にして一九世紀に首相を三度務めたエドワード・スミス＝スタンリー（第一四代ダービー伯爵）は、イギリスの野党を称して、何事にも反対し、何も提案しないことがその役割だ、という批判的な言葉を残しています。もっとも、ほぼ同時代を生きたジャーナリストのウォルター・バジョットは、代表作『イギリス憲政論』（一八六七年）で、「政治の批判を政治そのものにするとともに、政治体制の一部にした最初の国家」はイギリスだと述べています。国政における野党が、公式的な存在として認められているのです。

第一章で述べたように、イギリスでは、二大政党制でありつつも、あるいはそれゆえに、政党が体制転覆を図ったり、極端な制度変更を迫ったりするようなことはせず、野党であれば、与党が掲げる政策の批判に徹する。こうした与野党の競争を通じた漸進的な政治が、イギリスの特徴になっています。

このことは、イギリスのような多数主義型の民主主義において、二大政党の一方を担う野党は、政権交代を前提としているということになります。選挙で勝った与党が進める政策が有権者から批判されれば、次の選挙でその受け皿となるのが野党第一党です。選挙制度の特性もありますが、与党に対して勝ちに行くよりも、それを批判して信頼を勝ちとりつつ、相手が失敗するのを待つのが野党の役割でもあります。

もっとも、保守層は保守党を、労働者層は労働党を支持するという階級的な基盤は、戦後になって薄まっていき、イギリスの与野党の対立のあり方も変化していきます。

たとえば、両党の得票率を合算すると、一九五〇年代には九割にも達したのに対し、一九七〇年代になると七割台に低下し、最近では七割以下にまでなっています。戦後のイギリス政治は「コンセンサス政治」と呼ばれたように、福祉国家の維持・拡大を軸に、階級間の均衡を重視すると同時に、労働組合や経営団体、職業団体と政府・官庁が協調することを重視してきました。

この構図が大きく変化するのは、石油危機を経験した一九七〇年代で、財政赤字とインフレにおそわれ、七六年には、通貨防衛のために国際通貨基金（ＩＭＦ）の支援を受けるところまで追い詰められます。経済と社会におけるこうした混乱が、保守党のサッチャー政権の誕生に結びつきます。サッチャー保守党政権は、財政ではなく金融政策を重視し、労働組合の徹底的な骨抜きを図って、「コンセンサス政治」を「敵対の政治」へと転換していきます。財政支出の削減や民営化、教育改革にも手をつけて、いわゆる「サッチャー革命」と呼ばれる新自由主義政策を進め、保守党の政権は一九九七年まで続きます。同じ政党が四回続けて総選挙に勝ったのは、イギリスの戦後政治史で初めてのことでした。

サッチャー保守党のこうした「右傾化」に対して、野党に転じた労働党は、当初は左傾化することで抵抗しようとします。欧州共同体（ＥＣ）からの脱退、再国有化などを掲げましたが、経済運営に失敗した記憶もあって、国民の支持は回復しませんでした。さらに、党内の右派が離党して結成した社会民主党が、第三党である自由党に接近します。こうして両党は一九八八年に合併し、二〇一〇年の総選挙で、保守党との連立政権を組むに至ります。

一九八三年の選挙を手始めに敗北が続いた労働党は、その後、党首選出規定の変更を含む自己改革を遂げ、九四年には改革派の旗手、トニー・ブレアが党首となります。八三年までの労働党は左傾化路線を採っていましたが、それによって右派が離脱したばかりか、国民の支持を失ったことの反省もあり、ブレア執行部のもとで、資本主義でも社会主義でもない「第三の道」という中道化路線へと舵を切ります。

ブレア率いる「ニュー・レーバー（新たな労働党）」は、その綱領で、時代遅れとなった国有化条項などを捨て去り、経済政策については、保守党のそれとの継続性を重視しました。サッチャー改革で新中間層が生まれ、ニュー・レーバーはその支持を集めます。その結果、一九九七年から二〇一〇年までの長期政権を担います。

もっとも、こうした労働党の自己刷新と政権奪取戦略は、思わぬ帰結をもたらしました。二大政党への得票率が低下するなかで、経済政策では保守党に接近していった労働党は、自由民主党との接近も狙って、同党が主張していた地方分権（デヴォリューション）を熱心に進めます。これにより、一九九七年には、スコットランドとウェールズの地方議会が開設されました。また、自由民主党が求めていた選挙制度改革の検討も約束します。

これが、スコットランド独立を目指すスコットランド国民党（SNP）を勢いづかせることになります。また、かつてならば労働党を支持していたかもしれない庶民層が、グローバル化への反発から、反EU政党の英独立党（UKIP）支持に回ります。こうして、比例制のもとで二〇〇九年に行われた欧州議会選挙で労働党は、第三党の座に滑り落ちます。絶大な支持率を誇ったブレア首相でしたが、党内外の反対を押し切ってイラク戦争に参戦したこともあり、二〇〇七年に首相の座を降りました。

野党側にまわっていた保守党は、「リベラルな保守主義」を掲げて機会の平等の徹底を訴えるキャメロンを二〇〇五年に党首に迎え、イメージの刷新を図っていきます。

もっとも、二〇一〇年の総選挙では、いずれの政党も過半数に達しない「ハングパーラメント（宙吊り国会）」という、稀にみる状況が訪れます。ここで、保守党と自民党との連立政権が発足することになります。二〇一五年の総選挙で労働党は、経済効率と社会的公正の両立を訴えるミリバンドを首相候補に戦いますが、地盤のスコットランドでのＳＮＰの大躍進もあり、二期目を狙うキャメロン保守党に競り負けました。

戦後イギリスでは、保守党のサッチャー政権、労働党のブレア政権が、それぞれ長期政権を実現するなかで、政策のパラダイムが大きく変化することになりました。野党時代の労働党はサッチャー改革の基本路線を受け継ぎ、その後野党となった保守党は、ブレアのもとで進んだリベラルな路線を受け継いでいきます。相手の進めた政策を大きく変更はしないという、漸進主義的な競争の結果です。もっとも、競争相手は一党だけという二大政党制の弊害は、足元で着実に進む多党化に対応できず、「民意の残余」が蓄積していくという現象となって表れています。

†分権的な政治システムの下で――ドイツの野党

次に、ドイツの野党について見てみましょう。一三七ページに示した図で言えば、ドイツの政治は、左下に位置づけられます。つまり、中央政府（連邦政府）の力はそれほど強くなく、権力は分有されていて、分権的です。このことは、単に議会に陣取る政党だけでなく、その他の拒否権を持つプレイヤーによっても野党性が担保されていることを表しています。

上院に当たるドイツ連邦参議院は、一六ある州政府の代表から構成され、州の人口に応じて三〜六票を保持、投票します。州の権限に変更を加えるような重要法案（州の権限や予算などに関わる「同意法律」）の場合、総得票数の過半数以上の賛成がなければ、その法案は成立しません。連邦国家ということもあり、議会にかけられる法律のほぼ半数がこの同意法律であるため、連邦参議院には日本の参議院以上に強い拒否権が付与されています。

ちなみに、連邦レベルでの連立政権と州政府の構成が食い違うことも少なくありません。その場合は、連邦レベルの与野党と州レベルの与野党の間で相互調整を行うという、複雑な政策決定プロセスを経ることになります。

第二章でも紹介しましたが、同意法律に関して、上下院で意見が食い違った場合は、法案審議合同協議会を開催することになっており、この協議会の場で修正案を作成し、それが議会で再可決されなければ、法案は成立しません。それでは非効率なので、与野党間で事前に意見調整をするようになります。これが、広範な合意形成を可能にする好循環を生み出します。

野党性という意味では、ドイツの司法も強力です。連邦憲法裁判所は、具体的な事件がなくても、連邦政府や州政府、連邦議会議員の三分の一以上の提訴があれば、法律などの合憲性、州法の連邦法に対する適合性を審査できることになっています。ちなみに、一九五六年には、民主的な体制を否定する公的活動は許されないとする基本法（憲法）の規定に基づき、ドイツ共産党と、ネオナチのドイツ社会主義帝国党の活動停止を命じてもいます。他の大陸諸国と違って、共産党を含む反体制的な野党がドイツに見られないのは、こうした経緯もあります。

イギリスとは対照的に、与党と政府の間でも権力は分割されています。与党党首がそのまま首相職を務めることは一般的ではなく、一九七〇年代に経済政策に手腕を発揮したシュミット首相などは、党首に一度もなったことがありませんでした。

このような分権的な制度設計の背景には、もともと多元的だった戦前のドイツ国家を、ナチスが集権的な国家へ転換してしまったこと（「強制的同質化」）への反省があります。

一九三三年にナチスが政権を取って、真っ先に行ったのは「全権委任法」の制定でした。これによって内閣は、州議会の意見を無視して法律を可決できるようになりました。こうした独裁体制を二度と招かないよう、中央政府に対する州政府の自律性を確保するための制度設計がなされたのです。

もともとドイツは、神聖ローマ帝国の領域を再編して一九世紀後半に帝政ドイツとなった新興国でした。プロイセンなどをはじめとする三五の領邦と、フランクフルトなどの四つの自由都市の連合体としてドイツ連邦が生まれ、一八六六年の普墺戦争で、オーストリア帝国に勝利したプロイセンの主導により、二二の領邦からなる北ドイツ連邦が発足。これが一八七一年に成立するドイツ帝国の母体となりました。世界を見まわしても、国民と国家が最初からほぼ一致しているような日本のような国は珍しく、国家建設を通じて国民が創造されてきた国のほうが一般的です。それゆえ、国民国家を形成することになる民族や地域は多様であり、その国が民主的であればあるほど、その国の制度も多元的、すなわち中央政府の自律性は弱く、権力分割的になります。

こうした歴史ゆえ、州はドイツの基盤でもあります。シュレスヴィヒ＝ホルシュタイン州とバイエルン州を比べても、カトリックかプロテスタントのどちらが多数派かという宗教上の違いがあり、生活水準や産業構造、文化も、ドイツの南北でかなり異なります。東西ドイツの統一は、こうした格差に拍車をかけました。このような多元性をいかにして統御していくかが、ドイツの政治にとっての重要テーマであり続けています。

†ワイマール時代の反省

もっとも、ドイツが多元性の確保にしか注意を払っていないのかと言えば、そうではありません。なぜなら、戦前にナチス・ドイツの台頭を許してしまった最大の理由は、ワイマール共和国の議会が小党乱立に陥り、互いに対立しあって機能しなくなったからです。権力の空白が生まれた結果、ナチスが権力を握ったのです。

このため西ドイツは、多数主義型とコンセンサス型の民主主義のバランスをどう確立するかに腐心します。たとえば、ドイツの選挙制度は、小選挙区比例代表併用制と言われる、比較的複雑なものとなっています。有権者は二票を持ち、比例区では政党に、小選挙区では候補者にそれぞれ一票を投じるところまでは、並立制の日本と同じです。ただ、その配分方法が異なります。まず、比例代表の得票数で、州ごとに各政党の議席数が決まります。この数を小選挙区で当選した候補者で埋めていき、余った分を政党の比例代表名簿から順次確定していくというのが、その仕組みです。

詳しい説明は省きますが、こうした仕組みの場合、比例代表よりも選挙区で獲得した議席が多い政党が出てきた場合に、超過議席という現象が生じます。つまり、ドイツ議会の定数は選挙のたびに変化し得るのです。そのため、超過議席があった場合に、他の政党にも議席を追加するという改革が二〇一三年に行われています。

民意を反映する完璧な選挙制度などありません。併用性は、小選挙区の特性として生じる民意の振り子を、比例制によって是正することを目的とした選挙制度です。多数主義型とコンセンサス型のバランスをとろうとするのが目的です。イギリスのように、与党となる政党が勝者総取りをする制度ではありません。その結果として、連邦レベルでの政権はすべて連立の形態をとることになります。

さらにドイツでは小党分立に陥らないよう、阻止条項という有名な規則が設けられています。これは有権者が比例区で投じた票の五パーセント以上の票を獲得するか、あるいは小選挙区で三人以上の候補者が当選しなければ、いかなる政党も比例代表の議席配分から外れると定めたものです。二〇一三年の選挙では、反ユーロ政党の「ドイツのためのオルタナティブ」（AfD）と、インターネットでの自由などを訴える「海賊党」が議席を獲得できるかどうか注目されましたが、この阻止条項に引っかかり、進出を果たせませんでした。「五パーセント条項」と呼ばれることもあるこの制度によって、小党分立状態になるのを防ぎ、多数派が形成されやすい土壌を整備しようとしているわけです。

議会が機能不全に陥ったワイマール共和国では、大統領が緊急命令権で対処しようとしたこともあって、現在のドイツ連邦共和国基本法ではその権限は制限され、他方で首相の権限が強化されています。首相が強い指導力を発揮する「宰相民主主義」という言葉もあるほどです。首相には、大臣を任命するだけでなく、その職務の基本方針を決める権限もありますし、大臣の数や所掌の事務も定められるようになっています。

これだけ強い権限が首相には与えられているわけですが、議会解散権は付与されていません。この点でも、イギリスと対照的です。それでも解散したい場合は、自らが率いる内閣に対する不信任案を与党に提出してもらい、それを議会で可決させるという「裏技」が用いられます。こうした手段は違憲ではないかとの指摘もありますが、過去にはコール首相が一九八二年に、シュレーダー首相が二〇〇五年にこの方法でもって議会を解散し、選挙に勝利しています。

もっとも、この方法を用いる場合にも、厳しいハードルが課せられています。「建設的不信任制度」と呼ばれるもので、不信任案を提出するに際して、議会の過半数によって後任者があらかじめ選出され、大統領に首相の解任を求めるという手順が踏まれなくてはならないのです。これは、ワイマール時代に左右両翼の急進派が政権打倒を目指して不信任案を乱発し、議会審議が空洞化していったことの反省から来ています。

また、大臣間で意見の相違がある場合は、閣議において多数決で決めるということが、ドイツ基本法で定められています。ということは、首相と他の大臣との間で意見の一致を見ず、多数決によって大臣らの意見が通るということもあり得るわけです。首相には強い権限が与えられていますが、このような仕組みを設けることで、権力を分散させ、バランスを取っているのです。

このように、ドイツは民意の過剰な抑制にも、過度の反映にも距離をとっている政治制度を持っています。司法にしても中央銀行にしても強い自律性をもち、州政府にも一定程度の権限が与えられている。こうした政治制度のもとでは、幅広い合意形成がなければ、いかなる政策も推進できないようになっているわけです。

†大連立政権の誕生

このように、政策の極端な変化が起きないような仕掛けが色々あるということは、改革が進めにくいということでもあります。一九九〇年代後半には「改革の停滞」という言葉がドイツで用いられるようになりました。こうした事情から、(西)ドイツでは、一九六六〜六九年、二〇〇五〜〇九年、二〇一三年以降の三回にわたる大連立政権の際に、大きな改革や制度的改革が行われています。たとえば、それまでドイツにはなかった最低賃金の導入も、大連立政権のもとで二〇一五年に可能になりました。大連立にあっては拒否権を持つ制度や主体を迂回できるからです。

確かに、戦後のドイツでは、保守のCDU／CSUと新自由主義FDPの右派陣営に対し、SPD（社民党）と緑の党の左派陣営が対峙するという構図が出来上がっていきました。もっとも、冷戦が崩壊し、欧州統合が進む中で、民意と票が分散化していっているのはドイツでも同じです。このため、既存の連立の枠組みでは過半数を獲得するのが難しくなり、保革の垣根を越えた大連立政権の誕生が促されることになります。二〇〇五年の選挙の際は、CDU／CSUとSPDがそれぞれ約三割、FDPと緑の党がそれぞれ一割弱の得票率を得て、どのような多数派を成立させるのか、協議が二カ月も続きました。実際には四議席差で競り合ったCDU／CSUとSPDによるメルケル大連立政権となりましたが、そうなった背景には、ドイツがコンセンサス型の政治をとっているということがあります。

このように、ドイツでは一党で過半数を得るのは至難の業で、逆に言うと選挙結果が確定するまで、どのような連立の組み合わせになるか、判明しません。

二〇一三年の選挙ではCDU／CSUが第一党になったものの、単独過半数には至らず、SPDと緑の党の双方と連立協議を進め、結果として前者との大連立政権となりました。

イギリスと異なり、どの党とどの党の連立が実現するのか、あらかじめ決まっているわけではないというのは、コンセンサス型民主主義の、どちらかといえばマイナス面かもしれません。なぜなら、有権者にしてみれば、政党Aの政策に反対して、これを批判する政党Bに票を投じても、いざふたを開けてみたら政党Bは政党Aと連立を組んで、Bには野党としての役割が期待できない、ということが起こり得るからです。実際、二〇〇五年に大連立政権が生まれた際に、CDU／CSUとSPD双方の支持者から不満の声があがりました。

さらに、大連立のもとでは両党が協力して政策を進めるわけですから、選挙になって何を争点とするのかを決めるのが難しくなります。それが、これから見ていくように、小政党の伸張となって表れることになります。

†「ヒット・ポイント」が鍵

以上のような条件のもとに置かれたドイツの野党は、どのように変化していったのでしょうか。西ドイツでは、一九八二年にCDU／CSUのコール政権が誕生し、首相が統一ドイツの立役者となったこともあって、九八年まで長期政権を担います。

これに対峙するSPDは、コール政権が改革路線を維持できずに支持を失っていったこともあり、九八年に政権交代を果たしたシュレーダー政権のもと、中道化の道を一気に歩んでいきます。この点でも、イギリスの労働党と似た軌跡を描いています。シュレーダー政権は、大企業を対象とする減税の実施、年金支給額の抑制、医療保険における自己負担額の引き上げなど、「アジェンダ二〇一〇」と呼ばれる新自由主義的な政策パッケージをトップダウンで確定し、二〇〇三年からほぼ一年をかけて、断続的に改革を実現していきます。もっとも、この間、緑の党との連立であったため、環境税の導入や段階的な原発廃止を進めたことは無視できません。

しかし、シュレーダーの進めた改革は党内でも大きな反対を巻き起こし、党内左派の重鎮ラフォンテーヌ元財務相らが二〇〇五年に離党、民主社会党（旧東ドイツの社会主義政党）に合流して「左翼党」を結成。その後ベルリン市政の一翼を担うなど、左派陣営の中で無視し得ない位置を占めるようになります。共産党のような「左の左」の政党がないなかで、SPDは自らの左側に新たなライバルを迎えることになるのです。

補足すれば、シュレーダー政権は、旧ユーゴ紛争に際してコソヴォでの平和維持活動に国防軍を派遣したことで、党内の反発を喰らいました。ブレア労働党と同じように、経済政策のみならず、外交政策でも社民勢力に大きな亀裂が生まれたことは、日本の民主党政権を考えても興味深い事実です。

ここで保守の側に目を転じれば、一九九〇年代に入って、CDU／CSUは保守的な性格を薄めて、環境政策や文化政策ではリベラルな方向に傾斜します。これもイギリスの保守党に類似しています。同党はその名が示すようにキリスト教を基盤とする政党ですが、ドイツでも世俗化の流れは止まらず、ポスト冷戦の新しい時代に対応する必要に迫られていました。

一八年間にもわたる長期政権から下野した後、党を立て直したのは、東独出身のアンゲラ・メルケルでした。CDU／CSUは戦後、四〜五割の得票率を集めて、長らく「国民政党」の名をほしいままにしてきましたが、九〇年代後半にこれが四割を切るようになって、新機軸を求めはじめていました。こうしたなかでメルケルは支持基盤を伝統的な保守支持者層から若年層や都市部へと切り替えると同時に、社会福祉の削減や労働市場の規制緩和といった新自由主義的な政策を当初は打ち出しました。ところが、二〇〇五年の選挙で失速したこともあって、保守主義社会政策を転換させ、社会的な公正性を重視する方向へと舵を切ります。

こうしてみると、SPDもCDU／CSUも、冷戦崩壊やグローバル化、経済危機などに直面するなか、野党に転じて与党と対峙し、試行錯誤を繰り返しながら、民意の支持を集めることができるような「ヒット・ポイント」を探し当てたことが、その後の与党への返り咲きを可能にしたということが理解できると思います。原理原則や主義主張だけでは票は獲得できません。かといって、民意を反映するだけでも与党には勝てない。有権者が党に何を求めているのか、存在理由を踏まえた上で、与党との関係において、党のあり方をアップ・トゥ・デートすることが、政権奪取への近道となります。

右派陣営においても、票が分散する動きがありました。ネオナチとして知られるドイツ国家民主党（NPD）は、移民排斥などを訴えて一定程度の支持を広げ、州議会で議席を獲得したほか、二〇一四年には欧州議会で一議席を獲得しました。また、AfDもこの時、欧州議会に二議席を獲得しています。旧東独地域の州議会選挙でも立て続けに議席を得て、世論調査では、保革二大政党に迫る勢いをみせています。二〇一〇年からの経済危機と二〇一五年から本格化した中東難民の欧州流入の推移次第では、こうした極端な主義主張を掲げる政党がさらなる支持を集める可能性があります。ただ、これまで見てきたように、ドイツの政治制度は、極端な方向へ向かわないようにする制度的な仕掛けが幾重にも設けられています。極端な野党が登場した時にそれを抑止するような、いわば野党に対する野党性とでもいえる装置を内在させているのです。

†強力な内閣、力の弱い野党――フランスの場合

ドイツのお隣の大国、フランスの野党はどうでしょうか。これを理解するには、まず「半大統領制」と呼ばれる、フランスの政治体制についての知識が必要です。

現在のフランスの政治体制は、第五共和制と言います。一九五八年に新憲法のもとでこの体制はスタートしました。戦後、対独協力政権の後に発足した第四共和制においては、戦前の反省から、議会に大きな権限が与えられ、選挙制度も比例代表制だったために、複数の小政党が誕生します。

ただ、ドイツと違うのは、フランス議会では共産党と右派のド・ゴール派が、選挙のたびにそれぞれ二〜三割の票を得ていたことです。共産党はモスクワ共産党と距離が近く、ド・ゴール派は、ロンドンの亡命政府を率いたシャルル・ドゴール将軍を頂点とする大統領制を敷くべきだと主張する反体制勢力です。この左右の両極の攻撃から、中道の小政党が身を守るようにして、政権をたらいまわしにしていたのが、第四共和制の特徴です。中道といっても、左派から右派まで含んでいたために、内閣はいずれも短命に終わり、一九四六年から五八年までに内閣は二二を数え、その平均存続期間は半年強に過ぎません。

こうした事情もあって、当時泥沼化していた北アフリカの植民地のアルジェリア独立戦争に対して時の政権は無力なままで、独立に反対する軍人によるクーデタ騒ぎが起きます。この時、戦後直後に首相を辞任していたド・ゴールに事態を収拾してもらうため、全権が委任されます。これを受けてド・ゴールは新たな憲法を制定し、これが一九五八年にスタートする第五共和制となります。

この憲法は、内閣に対して議会の優位が原則だったそれまでの議会主権の原則を否定して、強力な大統領制を実現するものでした。大統領には首相の任命権のほか、議会の解散権、閣僚の任免権、条約の批准権が付与されることになりました。一九六二年には、それまで間接選挙だった大統領選を、有権者の投票による直接選出とすることも国民投票で決まります。

フランスの民主主義の歴史には二つの流れがあります。一八四八年に大統領に選出されたルイ・ナポレオンのように、人民の支持を集めた強権的な大統領、また司法・立法・行政にわたる統治権を国家元首に一元化して対独協力政権を率いたペタン将軍のような独裁者を生む系譜が、その一つです。これとは反対に、為政者の独裁を抑えるべく、できるだけ議会と政党に権限を与えて、大統領を象徴的存在にとどめておく一九世紀後半の第三共和制や戦後の第四共和制が、もう一つの系譜です。戦後になって、前者の流れを復活させたのが第五共和制でした。

大統領と議会が個別に選出されるのはアメリカと一緒ですが、アメリカは議院内閣制ではありません。フランスのように、議院内閣制と大統領制の特徴をあわせたものを半大統領制と呼びますが、フィンランドやポルトガル、また民主化後のロシアやポーランドなどの旧共産圏もこうした制度を導入するに至っています。

第五共和制の目的は、物事を決められない議会に対して強力な行政府を作ることにありましたから、必然的に野党は劣勢に置かれます。たとえば憲法では、政府がある法案を通したい時に、自らの信任をかければ、議会の採決を経ずに成立させられると定められています。それが、ある法案を成立させたいが、議会多数派の賛同は得られないと政府が判断した場合、内閣不信任案が二四時間以内に可決されない限り、その法案は可決されたものとみなすという憲法四九条三項の条項です。内閣不信任案を提出する場合にも条件があって、国民議会（下院）議員の一〇分の一以上の署名が必要になります。今までこの四九条三項による法案成立は、左派・右派政権を合わせて計八〇回以上あり、使用も制約されるようになりましたが、不信任案が可決されて内閣が総辞職したことはありません。

こうした規定に象徴されるように、内閣は野党に対してだけでなく、議会多数派に対しても相対的な自律性を持っています。こうした点から言えば、フランスの民主主義は、中央集権的な国家であることもあって、権力が自律的で分有もされていないということになります。ただ、近年では憲法院が法案の合意性を審査する権能を高めて、野党がこれを利用することもあります。

†「野合（コアビタシオン）」とは何か

フランスの特徴は、二〇〇〇年に憲法が改正されるまで、議会の任期は五年、大統領の任期は七年と異なっていたことにありました。第四共和制の議会任期は五年と決まっていましたが、第五共和制において、より長期の大統領任期を求めたド・ゴールの意向から、その任期が七年とされたからです。

このため国民は、大統領選挙と議会選挙の、二つの投票機会を得ることになります。そこで問題となるのは、二つの選挙で異なる判断を民意が下した場合、具体的には大統領の出身政党と議会多数派、ひいては首相の属する政党が異なる場合です。

首相の任命権は大統領にありますから、議会多数派からではなく、自派から任命することも可能です。ただ、その内閣は議会多数派によって、すぐにひっくり返されてしまうでしょう。大統領は議会解散権を持っていますので、選挙を避けて解散に打って出ることもできますが、規定により、すぐには解散できない上に、自分に有利な民意がそこで出てくるとは限りません。しかも、それでは直近の民意を大統領が無視することにもなりますから、国民の反発は避けられません。したがって、大統領はやむなく自分と対立する多数派から首相を任命することになります。

保革で異なる多数派が生まれるこうした状況を、フランス語では「コアビタシオン」、つまり「野合」と呼びます。転じて「保革共存」と訳されるこのケースは、実際にフランス社会党のミッテラン大統領時代にシラク（一九八六〜八八年）とバラデュール（一九九三〜一九九五年）という二人のド・ゴール派の政治家が首相となり、さらにシラク大統領時代にはジョスパンが首相（一九九七〜二〇〇二年）となるといった形で計三回、起きています。

慣習的には大統領が外交を司り、首相が内政を司ることになっていますが、これは憲法規定ではないため、政策をめぐって対立が生じることもあります。つまり、コアビタシオンのもとでは、大統領が首相に対してオポジションになることもあれば、大統領に対して首相がオポジションになることもあるのです。

しかし、先に述べたように、二〇〇〇年に憲法改正をして、国民議会（下院に相当）の議員の任期と同じ五年に大統領の任期を短縮したため、理屈の上ではコアビタシオンが生じる可能性は少なくなりました。ただ、出身・所属が同じ党であっても、制度上の特性として大統領と首相の間で齟齬が生じ得ます。その場合は、大統領が首相に辞任を迫って、首をすげかえることになります。このように、大統領と首相という、双頭政治がフランスの政治の特徴です。ここでの権力の相互の均衡と抑制は、野党以外のところで担保されていると言ってもいいかもしれません。

したがって、まず野党は何よりも、大統領を輩出して、フルスペックの政権交代を実現できなければ、大きな政策転換もできないということになります。

†社共政権の誕生

とはいえ、クーデタの危機を乗り越えて、新たな正当性を獲得したド・ゴール派を相手に野党が対抗するのは、簡単なことではありませんでした。

第五共和制下では、それまで多数派を占めていた、いわゆる「第三勢力」――社会党、人民共和党、中道政党である急進党、その他の穏健保守など――は失政の責任を押し付けられ、組織としても散り散りになっていきます。その分散した非ド・ゴール派をいかに再編して政権交代へと結びつけるかが、一九七〇年代の野党勢の課題として浮上します。

この非ド・ゴール派を形成する際に中核となったのが、社会党でした。フランソワ・ミッテランが社会党の第一書記（党首）に一九七一年に就任し、それ以外の左派や中道の小政党を吸収・合併していくことで、大同団結を図ります。その翌年には共産党と共同綱領を作成して、タブーとされた共産党との選挙協力を進めます。そうでなければ、大統領選と下院選では勝てないからです。

日本でも、二〇一六年の参院選の前後に、野党第一党である民進党が共産党とどう連携するかが模索されました。「モスクワの長女」と揶揄されたフランス共産党を選挙協力に引き入れるのは簡単なことではありませんでしたが、日本と同様、大衆消費社会に突入したフランスでも共産党は凋落傾向にあり、しぶしぶ社会党との協力関係を結びます。

第五共和制になって、下院の選挙制度は、地方ブロックごとの比例制から、小選挙区二回投票制（一回目の投票で過半数を得る候補者がいなければ一週間後に上位二名による決選投票）へと変更されたため、不完全な形ながらも二大政党制への圧力がかかることになります。一九六五年からは、大統領選にもこの二回投票制が適用されることになり（大統領選の場合は第一回投票と決選投票の間は二週間）、これも社共共闘のきっかけとなります。

こうして一九八一年の大統領選でミッテランは現職のジスカール・デスタンを破り、第五共和制では初の左派出身の大統領となります。ミッテラン大統領のもとで、社共政権が下院選挙で誕生しますが、連立政権の一角を占めたことで共産党は存在感を失い、ますます得票率を減らしていくことになりました。体制批判を自らの使命としてきた共産党が、それを放棄し、失望した支持者が離れていったからでもありました。

ラヴォーというフランスの政治学者は、戦後フランスの共産党は護民官のようなものだったと指摘しています。護民官は古代ローマの官職の一つで、平民の生命・財産を守るためであれば、元老院と執政官が決めたことに対し、拒否権を行使できることになっていました。護民官には法律を定めたり執行したりする権限は与えられていませんでしたが、元老院・執政官の決定に反対する権利を付与されていたのです。

共産党もそれと同じように、人民の側に立つと主張し、何かを実現するのではなく為政者に対して異議申し立てをすることに役割がありました。日本の社会党と同じ「抵抗型野党」の典型です。共産党は選挙で勝つことはできないものの、二割前後の票を獲得することで、多数派与党に対して緊張感を与えていました。それが体制内の存在となって、かつての存在感を失って支持を失った点も、日本社会党と同じです。

一九八一年に誕生したミッテラン大統領のもとで発足した社共政権ですが、死刑廃止や地方分権といった革新的な政策を実現する一方で、経済政策では財政支出と購買力拡大のリフレ策に頼ってインフレを招来、失業率もうなぎ登りになって、共産党が連立を離れたこともあり、八六年の総選挙で敗退します。その結果、保守のフランス共和国連合（RPR）とフランス民主連合（UDF）が議会の多数派を形成、RPRのシラクが首相に就任して、第一回目のコアビタシオンを経験します。この時、敗北が予期された社会党政権は、議席の減少幅をなるべく少なくしようと、小選挙区制を比例代表制に変えるという反則技を使いましたが、それでも政権交代は避けられませんでした。

興味深いのは、前面に掲げていた経済政策で社会党は失敗したものの、その他の社会文化政策（死刑廃止、テレビ・ラジオの多チャンネル化、教育の多様化）などを定着させたことです。サッチャーとレーガンが進めた新自由主義の時代に「一国社会主義」の政策を進めて、基幹産業や金融機関の国有化なども失敗したため、シラク政権はこれらを民営に戻したり、金融市場の自由化を進めたりします。内政に手を出せない大統領は、外交面では自律性を発揮して、単一通貨ユーロ実現などに結実する欧州統合を推進していくことになります。

外交での成果もあって一九八八年に再選を果たしたミッテラン大統領は、議会で再び社会党の多数派の実現を目指して議会を解散しましたが、社会党は単独過半数に達せず、保守派以外の野党の閣外協力を得て政権運営を乗り切ります。九三年の総選挙で社会党は政権の一連のスキャンダルもあり、再び大敗を喫します。首相職にはRPRのバラデュールが指名されます。これが二回目のコアビタシオンとなります。

†政治のフォーマットの変化――九〇年代から二〇〇〇年代へ

このときの保守の躍進は、分裂の種ともなります。左派がいかにして自陣営をまとめるかに苦慮したのと同様に、保守の側ではシラク元首相とバラデュール首相の二人が九五年の大統領選に出馬したことで保守票が割れてしまいます。結局、シラクが勝利して保守派の大統領が一四年ぶりに誕生します。ただ、九七年にシラクは、ユーロ導入のための財政改革路線の信を問うべく議会を解散しますが、その結果、多数派を失ってしまい、九五年の大統領選でシラクと決選投票に臨んでいた社会党のジョスパンが首相に就任します。これが三回目のコアビタシオンとなります。

このように、九〇年代までのフランスでは、最左翼に共産党があり、中道左派に社会党、そして中道右派にUDF、その右側にはド・ゴール派の流れを汲むRPRという、保革四党が対峙する形になっていました。

フランス革命以降、形づくられてきた保革を対立軸とする両陣営に、こうして四つの政党が陣取って競い合うというのが、フランス政治のフォーマットとなります。そこでは、保革それぞれの陣営内での競争と、保革を垣根とする与野党の間の競争があり、そこに、ねじれた形での大統領と議会多数派との対立が加わり、そのすべてが、野党性が発揮される条件をなしていました。

しかし、この形は二〇〇〇年代に入って変わってきます。まず、二〇〇〇年の憲法改正で大統領と議会の任期が同期となったことで、大統領と議会多数派の結びつきは、より強固なものになっていきました。ミッテランやシラク大統領は、議会多数派と距離をとって、党派性よりも中立的な国家元首としての立場を重視しましたが、大統領選と下院選が一緒になったことで、より党派的な大統領が生まれることになり、これが保革の間の競争をより激しいものにします。実際、二〇〇七年に大統領に選出されたサルコジは、党をますます右傾化させていきます。

中道UDFの没落と、「右の右」、すなわち極右である国民戦線（FN）の台頭も見逃せません。一九七二年に結党されたFNは、八四年の欧州議会選で躍進し、八六年の比例代表制で行われた選挙では三五議席を獲得することになります。二〇〇二年の大統領選では、現職首相だったジョスパン候補を蹴り落として、党首ルペンがシラクとともに決選投票に進出、フランスのみならず、世界中を驚かせました

FN包囲網が進んだことで、これ以降、FNは低空飛行を余儀なくされますが、二〇一一年にルペン党首の三女、マリーヌ・ルペンが党員選挙で党首に選ばれて、再び伸張していきます。二〇一二年の大統領選では、首位の社会党オランド、落選したサルコジ前大統領に続いて、得票率一八パーセントで第三位につけました。FNは二〇一四年の欧州議会選では保革の二大政党を抑えて首位に立ち、同年の地方選でも一四以上の自治体で第一党となるなど、第三極の地位を確立しました。

FNが掲げているのは、かつてのようなネオファシズム的な価値や人種差別の主張など

ではなく、反グローバル化や格差社会の批判です。これは、多くの西欧諸国の極右に見られる傾向ですが、冷戦が終わって反共主義が訴求力を持たず、さらにリベラルな価値が根づいたことで、人種差別的な主張も社会に受け入れられなくなり、これら極右は、経済政策としては左派、社会政策としては右派の立場をとるようになります。また、それまで敵視していた議会制民主主義を受け入れた上で、既存の大政党を批判する点でも大きな転換がありました。

いずれにしても、こうした立場に対して保革の二大政党は対応に苦慮しており、保革間の競争に加えて、保革対極右という三角関係を迎えています。政権交代の常態化は、さらなる野党性を民主主義に呼び込んでいるということになります。

†「野党」なきアメリカ

次に、アメリカの政治における野党を見てみましょう。日本人にとってアメリカという国は馴染み深いかもしれませんが、その政治の仕組みは独特です。

まず、アメリカには、まとまった形で「野党」と定義できる存在はありません。

アメリカは大統領制を採用していますが、その大統領は議会にではなく、国民に責任を負う存在です。この大統領が行政権を有しているわけですが、立法権は各州を代表する上院と国民を代表する下院のみが有しています。行政権と立法権の、こうした完全な分離と相互の抑制が、アメリカ憲政の特徴でもあります。ですから、フランスと違って、大統領には議会の解散権もありません。「二元代表制」などと呼ばれますが、民意を代表する二つの回路を持ち、ともに正当性があるという点では、日本の地方自治体と同じ仕組みと言えます。

なお、州の代表である上院議員は、かつてはドイツのように州議会から選出されていましたが、二〇世紀に入って、有権者が選挙で選ぶ方法が定着します。人口の大小にかかわらず、各州二議席が与えられていますが、これは州を代表することを目的とする議会であるため、日本のように一票の格差は問題になりません。最も人口の少ないワイオミング州も、最も多いカリフォルニア州も同じ議席数です。

ところで、大統領には法案提出権がありません。法律を提出し可決するのは議会であって、大統領は法案を受理するか、署名を拒否するかの二択しかありません。大統領は自党派の議員を動かして、法案を提出させることもできますが、個々の議員の自律性も高いので、これもうまくいく場合といかない場合があります。安全保障と外交政策を除けば、大統領はいわば、政策のゲートキーパーのような存在で、ネガティブな立法権しか持っておらず、自分でゴールを決めるためには、上下両院の協力が欠かせません。

連邦議会で可決した法案に大統領が反対する場合、署名を拒絶すること（大統領拒否権の発動）ができますが、会期内に上下両院が三分の二以上の多数で再可決すれば、この法案は発効することになります、大統領と議会が対立することは珍しくありません。もちろん、大統領と上下両院の党派が同じであれば、対立する可能性は低まりますが、先にも見たように、大統領と上下両院のいずれかの多数派、もしくは大統領と上下両院の双方の多数派の党派が異なるような状況は、戦後になって、とりわけ八〇年代から珍しくなくなります。アメリカでも、支持政党を持たないとする国民は、六〇年代と比べて約二倍に増えており、このことは民意がその都度、場当たり的に形成されることが多いということでもあります。

このことが、統治を難しいものにしています。たとえば、一九九三年から二〇〇一年まで続いたビル・クリントン政権は、中間選挙で敗北して、うち六年間を上下両院の多数派を共和党に許すという事態に直面しました。このため、議会が策定した予算案を署名拒否して九五年末までに予算が成立せず、政府機関が閉鎖されるという事態も経験しています。こうした事情もあり、クリントン政権は民主党カラーを打ち出すというよりも、議会共和党と協調して政策を進めていくことになります。実際に、一九九〇年代以降、連邦議会で可決された法案に対し大統領が拒否権を発動し、大統領に拒まれたその法案を上下両院で再び可決するというケースは少なくなっています。

議会側からすれば、大統領に拒否権を行使されてしまうと、その分、成案に至るまで余計なコストがかかりますし、大統領にとっても、それは同じです。分割政府が常態化したため、双方が納得し得る落としどころを、事前に模索する動きも出てきました。

オバマ大統領は二〇〇八年の大統領選の公約でもあった医療保険制度改革（オバマケア）の実現に傾注しましたが、上下両院で多数を占めた共和党はオバマケアの廃止法案を可決し、オバマ大統領はその度に拒否権を行使したため、成立までに長い時間がかかりました。その間にも民主党と共和党、大統領と両政党との間で交渉が続けられ、当初の法案内容とは大きく変わっていきました。

もちろん、大統領と自党派との間で対立が起こることもあります。TPP交渉に際してオバマ政権は、議会の早期承認を得ようとしましたが、民主党の支持母体である労働組合の反発もあって、党内での反対派が少なくありませんでした。他方で、大企業に近い立場の共和党議員がTPP支持に回ることもありました。

実際、オバマ政権が公約した五〇〇強の政策のうち、修正・妥協を余儀なくされたのは二五パーセントにのぼるとされています。オバマケアのほか、政権は不法移民にも市民権取得の道を開く規制改革を推進しようとしましたが、まず下院の反対に遭い、ついで二〇一五年から上院で多数派を占めた共和党の反発によって頓挫したため、行政機関への大統領令でこれを一定程度実現しようとしました。大統領は議会の抵抗に対しては、行政機関の方針の決定や人事権を通じて政策への影響力を行使しようとします。

†野党性を発揮する三つのアクター

以上のことから分かるように、大統領、上院、下院と三つのアクターが相互に野党性を発揮することで均衡が保たれるのが、アメリカの政治の特性です。

これに、法律の可否を決める司法も重要なアクターとして加えることができます。アメリカの司法は、時の議会の立法に違憲判断を下したり、それとは逆に特定の政策にお墨付きを与えたりします。つまり、政治的な判断を独自に下すことをいとわない「司法積極主義」に立っています。それゆえ、大統領にとっても、議会にとっても、あるいは市民社会にとっても、無視し得ない存在なのです。先のオバマ政権の移民政策の一部についても、一部の州が権限の侵害に当たると訴えたため、最高裁がその是非を判断することになりました。

こうした事情があるため、時の大統領は、自分の党派・信条に近い人物を判事に任命する傾向があります（上院の同意も必要）。連邦裁判官は終身制ですから、判事の構成（九人）

は国の政策の方向を長期にわたって拘束することになります。オバマ大統領も、任期切れ間近になってリベラル派の判事を任命しようとし、これに議会が反発するという事態を経験しました。

こうして見ると、高度に政治性を付与されたアメリカの司法もまた、統治制度の中に組み込まれた野党性の一つとして数えることができます。そして、大統領、上下両院、司法という四者の間で、継続的に対立が生じ、交渉が行われていきます。大統領が特定の民意のレバーを上げると、そのレバーを議会が下げて、今度は司法が上げる、すると大統領が下げるといったように、各アクターが相互に連関して抑制的に働くようになっています。このプロセスには様々な圧力団体や市民組織が介在することになりますが、多様な摩擦こそがアメリカの民主政治のダイナミズムの源ともなっています。

イシュー（争点）ごとに、党派もその議員も、立場がめまぐるしく入れ替わるのも、アメリカ政治の特徴です。たとえば、民主党が提案した法案に共和党議員が賛成に回ると、今度は、共和党が提案した法案に民主党議員が賛成に回るというように。与党、野党といった場合、権力を持っている主体が明確であることが前提になっていますが、アメリカのように権力の自律性が弱く、行政、立法、司法の間で権力が分有されている場合、その立場は流動的です。これが、アメリカでは野党という言葉に「オポジション」という言葉が用いられず、「デモクラット（民主党）」か「レパブリカン（共和党）」かで立場が表される理由にもなっています。

もっとも、九〇年代以降に顕著になってきたのが、民主党と共和党の対話不可能性です。二極化が進む政党政治の原因については諸説があります。アメリカ社会の分極化が進み、それが政党にも反映された結果だとする意見もあれば、激しい競争を繰り広げる政党が主導して分極化を推し進めているという意見もあります。この両者の循環が二極化を推し進めていると見るのが妥当なところでしょう。

思い返せばオバマは、選挙演説で「黒人のアメリカも白人のアメリカもない。一つのアメリカがあるだけだ」と述べていました。文化的にはリベラルな態度を示したクリントン大統領、これに反発するかのように保守的な態度を貫いたG・Wブッシュ大統領のもとで進んだ二極化を治めることを目標にしたオバマ大統領ですが、それも実現しませんでした。二〇一六年の大統領選に向けての大統領指名候補者の予備選では、共和党のドナルド・トランプ、民主党のバーニー・サンダースという、かなり極端な主張をする候補者が躍進しました。党派的な対立はますます先鋭化していっていますが、他方でこれを抑制する統治構造もあり、両者間の綱引きは今後ともアメリカ政治の既定路線となり続けるでしょう。

†溶け込んだ野党とその限界──スイスの場合

アメリカ以上に権力の分割と共有が徹底しているのがスイスです。スイスの野党は、一言でいえば制度の中に溶け込んでいて、存在していません。一体どういうことでしょうか。

スイスの連邦政府（連邦参事会）は、七人の閣僚（参事）ポストを主要四政党に平等に配分するという方式をとっています。「魔法の公式（マジック・フォーミュラ）」と呼ばれるこの方法では、自由民主党（二ポスト）、キリスト教民主国民党（二ポスト）、社会民主党（二ポスト）、スイス国民党（一ポスト）が、それぞれ議会で得ていた議席数に応じて割り当てられています。一九九九年の選挙で国民党が議席を増やし、さらに一ポスト増を要求。これは実現したものの、国民党が分裂するといった経緯もあって、ポストの割り当て配分にいったん変化がありましたが、二〇〇九年から、再び同じ配分となりました。確かに、緑の党など、これら四政党以外の政党が議席を獲得することもありますが、主要な政党のすべてが政府を構成するこの「魔法の公式」のもとでは、公式的な野党はいないということになります。

なお、閣僚は連邦議会（下院）が選出しますが、議員は閣僚になれないと決められています。国家元首であるスイス大統領も、閣僚から指名されますが、一年任期の輪番制です。

大統領はいわば臨時の国民の代表であり、合議制の政府の議長のような役割を担うのです。

ここからも分かるように、スイスは議院内閣制ではなく、比例制に基づく合議制と捉えたほうが正確です。そのことは議会制度にも反映されています。ドイツやアメリカと同じく連邦国家たるスイスでは、比例代表で議員が選出される国民院（二〇〇議席）と、各州（カントン）から選出される全州院（四六議席）の二つの議会がありますが、両院（会）の立場は同等です。政府が作成した法案は、いずれかの議会に提出され、最初の議会を通過すると、もう一つの議会でも審議され、そこで承認されれば成案となります。

†スイスの直接民主制

スイスの野党性を考える上で、議会や政党以上に重要な役割を果たしているのが、直接民主制です。スイスは制度としての野党を持っていなくても、直接民主制によって議会と行政はチェックされて、スイスの民主主義は野党性を担保しています。

「青空集会」という言葉で知られていますが、人口の少ないスイスの自治体では、住民総会を開いて予算や人事についての決定をすることが普通です。もちろん、全住民が参加することはまずありませんが、それでも有権者であれば誰でも参加して、意見を述べることができる仕組みになっています。

住民総会を開催するのが困難な自治体では、議会が設置されていますが、それでも住民による投票が一般的で、年に五～一〇回ほど投票が行われます。これに、州や連邦レベルでの直接投票、さらに通常の首長・議会選挙などが加わるため、有権者は月に何回も自らの判断を示すことになります。

話を簡単にするために、ここでは連邦レベルでの直接民主制に限ってみましょう（ちなみに当のスイスで直接民主制とは住民総会のことを指し、住民・国民投票は半直接民主制と言われます）。スイスでは、憲法改正や超国家機関に関する条約などについては、国民投票を行うことが義務付けられています（「義務的レファレンダム」）。ここで興味深いのは、そこでの可決には、国民多数のみならず、州の多数の同意も得なければならないという、その多層性にあります（「二重の過半数」などと呼びます）。スイスで一番人口の多い州は一三〇万人のチューリッヒ、最も少ない州は一万五〇〇〇人のアッペンツェル・インナーローデンですが、人口の多少にかかわらず、どの州であれ、その地位は平等です。

また連邦レベルの法律など、議会で可決された法律についても、有権者五万人以上、もしくは八州以上の要求がある場合は、今度はその是非を国民投票にかけることができるようになっています（「任意的レファレンダム」）。この場合、有権者の多数のみによって、是非が決せられます。

さらに、一八カ月以内に一〇万人以上の署名があった場合、国民が主導して憲法改正を行う制度（「イニシアティブ」）もあります。その場合、連邦議会で審議、議決され、その議決案は再び国民投票に付されて二回の過半数を得なければならないことになっています。このイニシアティブは建国以来、一五〇回ほど実施されており、そのうち成立したのは一割にも満たないとされますが、時には論争を惹起するような提案がなされることもあります。最近では、二〇〇九年にイスラム寺院の塔（ミナレット）がスイスの景観を壊すとして建設禁止を求めるイニシアティブが国民党主導で実現し、これが可決されました。二〇一六年には、やはり国民党が音頭をとって外国人の犯罪者の国外追放強化案が提案されましたが、こちらは否決されるに至っています。

†多様性をマネジメントする仕組み

スイスはなぜ、こうした徹底した合議制を、またその前提となる比例制と直接民主制を採用しているのでしょうか。それはスイスが、日本の九州程度の面積しかないにもかかわらず、きわめて多様性が高いこと、言い換えれば社会が分裂しているからです。

言語の面で言えば、スイスではドイツ語、フランス語、イタリア語、ロマンシュ語という四つの言語が使われています（お札には四カ国語が印字されています）。宗教について言えば、カトリックとプロテスタントがほぼ半数ずついます。各州の風習や規模も多様です。これに、政治の場での保革の立場が加わります。近年では移民や外国人労働者の数も増え、四人に一人が外国籍とされています。こうした強度の高い多様性をいかにマネジメントするかが、スイスの民主主義を作り出してきたといっていいでしょう。分裂しているからこそ、徹底した合議制を採用する——。この逆説的な仕掛けにこそ、歴史の知恵を見て取ることができます。

本書の関心にひきつけて言えば、小さな野党性が多層的に幾重にも張りめぐらされていることで、大きな野党性が出現することを回避することになっています。突出した力を持つ野党が出てきた場合、それはスイス社会の分裂を意味しています。

それゆえ、法律や政策を実現しようとする側は、慎重にことを進めます。事前に関係者や当事者の合意を取り付けておかないと、その後のレファレンダムでひっくり返される可能性があるからです。ある研究では、連邦議会でのコンセンサスが高ければ、その法案を対象とするレファレンダムが成立する可能性は低く、議会内でのコンセンサスが低ければ、レファレンダムが成立しやすいとされています。連邦レベルでは、一九九〇年代に各州の意見調整を行う「州政府間会議」が設けられ、事前に利益の確定と調整が行われるようになりました。さらに政府と官庁は、労使の団体との公式・非公式な意見交換の場を制度化しており、妥協点を探り当てて、入念に法案を練り上げていきます。法律を策定する場合には、関係する団体から意見を聴取しなければならないという事前聴聞制が、憲法で規定されているからです。

もちろん、このように合意を広く取り付けなければならないということは、大胆な政策的転換が困難であることも意味します。たとえば、欧州の中心に位置するスイスの貿易は輸出入ともに約八割はEU加盟国との取引によるものですが、にもかかわらずEUには加盟していません。加盟交渉に入ること自体が国民投票で否決されたためです。また、スイスには兵役義務があることでも有名ですが、兵役廃止のための国民投票も二度にわたって否決されています。行政府がいくら力を入れても国民の同意がなければ、国のあり方を変えるのは困難なのです。他方で、国民投票でベーシックインカム導入の是非が問われるなど、政策的な革新を生む可能性もあり、利益調整と民意による選択の機会を巧みに組み合わせているのがスイスの民主主義ということになるでしょう。

スイスでは権力の分有が徹底しているために、「ミリツ・システム」と呼ばれる民間団体・組織が多くの公的業務を担う、「小さな政府」でもあります。これは国民投票を活用する「大きな社会」を持っているということでもありますが、裏を返せば不透明な利益団体が政策過程に介在し、跋扈する余地を残しているということでもあります。一部の団体が利益を独占しているという批判は、躍進を遂げたスイス国民党の主張にもなっていますが、一部の利益だけが突出して守られているということになれば、スイスの民主主義も大きな挑戦を受けることになるでしょう。

†コーポラティズムと議会制民主主義

政府・労働組合・経営者団体が、こうして協調して経済・社会政策を形づくる体制を「コーポラティズム」と呼ぶことがあります（戦前戦中のファシズム国家主導の協調体制と区別して、「ネオ・コーポラティズム」と呼ぶこともあります）。スイスの例で見たように、コーポラティズムは野党性をあらかじめ制度に取り込んで顕在化させないことがその特徴ですが、それゆえの問題が生じることもあります。

コーポラティズムの歴史や定義、規模は様々ですが、社会に関わる重要な政策の決定や施行に、企業・業界団体や労働組合を関与させるシステムであることは共通しています。アメリカのように利益・圧力団体が政府の意思決定に影響を与えようと、ロビイングなどで競争するのではなく、政府と労使の三者が制度化されたパートナーシップのもとで、比較的対等な立場で物事を決めていくというイメージです。

このシステムは、突き詰めれば議会制民主主義の否定でもあります。なぜなら、有権者によって選出された、民意（の一部）を代表する議員（や政党）以外にも、企業や組合など業界や職能の代表者が、政策決定プロセスに組み入れられているからです。一般的には、スウェーデンやオーストリア、オランダ、部分的にはドイツもこのコーポラティズムの度合いが高いと言われています。

たとえば、スウェーデンには「レミス」と呼ばれる制度が設けられており、議会での本会議の前の各委員会での法案審議の際、利害関係のある利益団体や行政機関が意見書を提出し、さらに意見聴取を行うことが慣例化しています。そこで出された意見や要望を最終決定に反映させるためです。自民党政権が採用してきた事前審査制に似ている部分もありますが、労使や利益団体の代表、学識者などが入って、公開性を確保している点が異なります。

オーストリアには「物価・賃金問題同権委員会」という、社会経済政策に関するコーポラティズム制が整備されていました。公法上の地位を持つ「労働」側を代表する二つの団体――労働会議所、労働組合総同盟――と、「資本」の側を代表する二つの団体――商業会議所、農業会議所――の同数委員で構成され、いずれの団体も「同権」であるとされています。政府からは首相、内相、商工相、社会問題相が参加しますが、投票権を持たないオブザーバーの地位にとどまります。

こうしたコーポラティズムは、政策形成過程になるべく多くの利害関係者を関与させて、幅広い合意を成り立たせることで、野党性を顕在化させないことに成功してきたというのは、これまで見てきた通りです。ただ、その限界も露わになってきました。

スウェーデンでは一九八〇年代以降、グローバル化と産業構造の変容に伴って、利益団体が行政機関に持っていた代表権が縮小し、こうしたなかで経済団体、次いで労働者団体の利益が細分化していったことで、労使間の賃金交渉制度が崩壊していくことになりました。

また、オーストリアでは一九九八年以降に、先の「同権委員会」は機能を停止しました。労働組合の組織率の低下や政策の権限の多元化によって、利益の調整が事実上できなくなったこと、また予算編成などに不透明性があること、専門性が不足していることなどが指摘され、コーポラティズム批判が起こったためです。

もともと、コーポラティズムの前提となる社会の身分・社団（中間）組織は、一九世紀から二〇世紀初頭にかけて長い時間をかけて作り上げられたものですが、このように高度成長の時代が終焉し、ポスト工業社会の段階に入ってくると、徐々に批判の対象となってくることになります。日本の政官財の「鉄の三角形」が批判されるようになったのと同じ文脈です。

資本主義経済の発展とともに工業型社会（しばしば大量生産・大量消費を連想させる「フォーディズム」とも呼ばれます）が成立し、これに国家と労使がぶら下がっていた構造が、長い時間をかけて大きく変わりつつあるからです。いわば、コーポラティズム的な利益調整の仕組みからこぼれ落ちる人が増えていったことで、利益集約、利益媒介、利益分配のいずれの局面でも、不満や批判が蓄積していくようになります。

その受け皿となっているのが、各国のポピュリスト政党です。こうした政党は、移民排斥や権威主義的な政策を掲げているだけでなく、一般庶民と呼ばれる人々の利益が、既存の政党や利益団体からは顧みられないとして、保革を問わず既成政党を批判します。すでに確認したように、二〇〇〇年代に入って、極右のポピュリスト政党が第三極の座を占めたり、連立与党の一角を占めたりする光景はヨーロッパでは珍しくなくなりました。

実際、コーポラティズムの度合いが高ければ高い国ほど、極右ポピュリスト政党が出てきやすいという指摘もあります。オーストリアでは自由党が一九九九年に連立政権入りし、スウェーデンとオランダでは、それぞれ民主党と自由党というポピュリスト政党が第三党の位置につきました。先ほど取り上げたスイスでも、「強いスイス」を掲げる国民党が二〇〇三年の総選挙で第一党に躍進して、選挙戦をリードしました。

コーポラティズムがポピュリズムを呼び寄せやすいのは、労使などの業界団体のエリートによる閉鎖されたシステムになりがちだからです。利益が高度に集中し独占されても、それが広くかつ公正に分配されればシステムは支持されますが、分配する富のパイが減少し、個人の権利意識が拡大すれば、このシステムは一気に批判の対象となります。

日本でも、小泉純一郎首相（当時）が「自民党をぶっ壊す」と言って集まった世論の支持は、自民党システムが有効に機能しなくなってしまったことへの異議申し立てだったと言えるかもしれません。現状への不満こそがポピュリズム勢力を呼び寄せますが、それは逆に言うと、現在の利益配分のシステムが機能不全を起こしているということでもあります。

こうしたポピュリスト政党の台頭から引き出せる教訓は、どのようなシステムや政策であっても、汲み尽くし得ない民意の残余が常に出てくるということです。そして、その民意に新たな形と声を与えて、有効なシステムや政策とする媒介となるのが、野党の重要な役割だということも確認しておきたいと思います。そのあり得べき方向性については、次章で確認することにします。

†野党の役割とは？

これまで、幾つかの国の野党とその野党が機能する環境・制度的条件を見てきました。取り上げたのは、日本を含めても六カ国に過ぎませんが、それでも野党が多様な機能と役割を果たしていることが分かります。それぞれの国の政治文化、歴史、制度といった固有

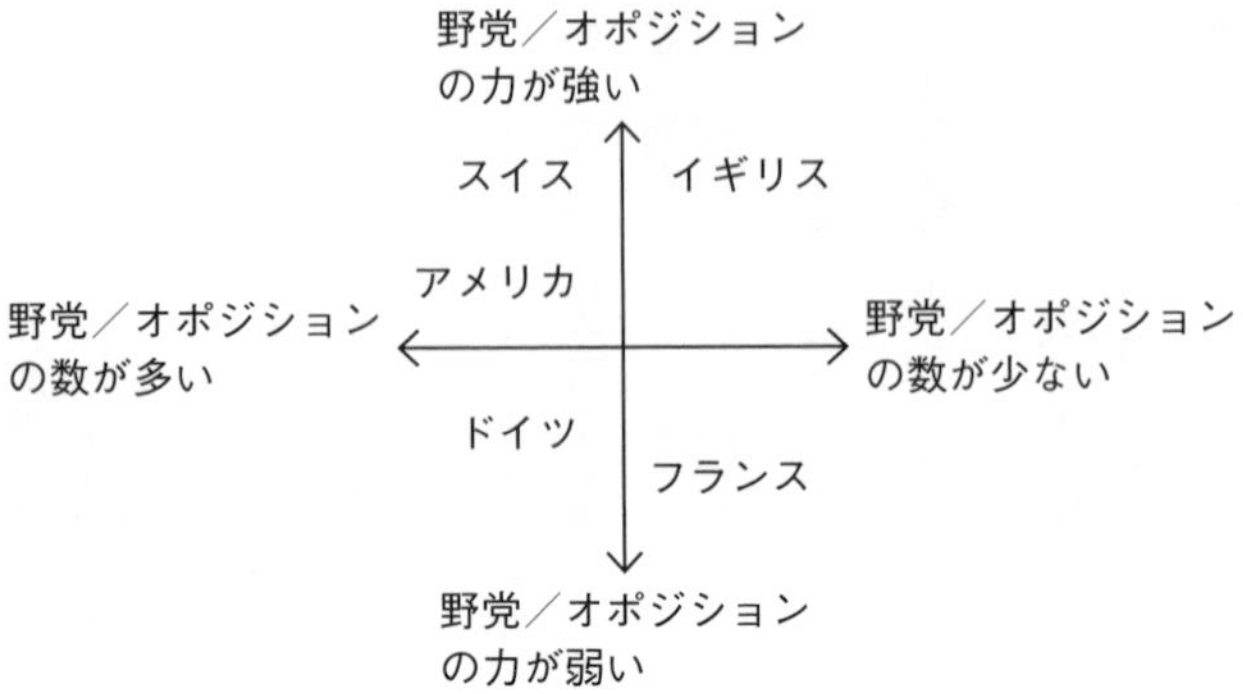

の文脈によって、野党のあり方も、野党性がどう発揮されるかも、違ってきます。

野党の持っている力の度合いと、オポジションを含む野党の数の組み合わせによって、各国の特性をつかむことができます。

民主主義は、複数のレイヤーから成り立っています。団体、政党、議会、政府といった複数の主体が織り成すレイヤーがあって、相互の抑止と協力によって、民主主義という均衡が成り立っています。この相互の抑止と協力のあり方こそが、野党性が発揮される方向を決めることになります。

野党が存在する場が多ければ多いほど、その力が強ければ強いほど、権力に対するチェック・アンド・バランスが働くことになります（図参照）。そして、その中で、コンセンサスを得る努力と仕掛けがあればあるほど、政策の効率性と政治の安定性が確保されることになるというのが、各国の歴史と政治の知恵だといえるでしょう。
野党がどうあるべきかを考える際にも、こうした視点が不可欠です。

もちろん、時代の変化に応じて、野党が果たすべき、あるいは果たすことのできる機能と役割も変わってきます。序章でも述べたように、野党は民主主義にとって不可欠なリソースの一つですから、それが完全に機能しない限り、民主主義も安定しません。支持するかしないか、投票するかしないかに関係なく、野党に期待しないということは、自分たちの選択肢を自ら捨てているのと同じことになります。

言い方を換えれば、政治に新たな選択肢を我々に提示してくれるのが、野党という存在であるべきです。

そこで、次の最終章では、日本の現状を踏まえた上で、これからの野党が果たすべき機能と役割、もっと言えばどのような対立軸が形成されるべきなのかを論じていきます。そして、それは、私たちが生きたいと思う社会のことを考えることでもあるのです。

最終章

来るべき野党、これからの対立軸

これまで、野党とはどのような機能と役割を担う存在であるかを考え、そこで発揮される野党性とは何かを見てきました。最終章では、これからの日本でそれらがどう発揮されるべきなのか、され得るのかについて提案をしてみたいと思います。

まず日本社会の現状から確認してみましょう。社会の現状が把握できなければ、政治が何をすべきかも分かりません。

「社会意識に関する世論調査」という調査を内閣府が毎年、実施しています。二〇一一年の東日本大震災の前の日本人の意識を見ると、興味深い事実が浮かび上がってきます。

この調査では「日本で良い方向に向かっている分野は何か」を尋ねていますが、過去一〇年以上にわたって「科学技術」「医療・福祉」「防災」がトップ3を占めています。

その反対に、「悪い方向に向かっている分野」を聞くと、バブル崩壊後の平成不況の影響もあって、「国の財政」「物価」「地域格差」がワースト3になっています。

もっとも、東日本大震災を経て「防災」も「科学・技術」も期待したほどではなかったことが露わになってしまいました。当時、首相だった菅直人は、東日本大震災に直面して「戦後最も厳しい危機」と述べましたが、戦後の日本の復興が科学技術に支えられてきたことを考えれば、誇張とは言えません。さらに、財政赤字（国の財政）、デフレ（物価）、地方の振興（地域格差）は、どの政党にとっても重要課題であることは論を待ちません。

戦後の日本は、憲法第九条に象徴される平和主義のもとで経済成長を実現していくわけですが、この経済力こそが「自民党システム」の土台でもありました。3・11によってその底割れが明らかになりました。

†転機となった一九七三年

一九七〇年代以降、政治的な対立軸はすでに大きな変容を経験してきました。社会学者の高原基彰によれば、その転換となったのが一九七三年です。国際的には、ブレトン・ウッズ体制が崩壊し、石油危機による世界不況が始まります。財政赤字が膨らむなかで、先進国では大きな政府や福祉国家に対する批判が高まっていきます。

こうした転換期にあって、日本では左右両翼における反近代主義が台頭していったというのが、高原の見立てです。右バージョンの反近代主義は、日本社会が安定した理由として、「日本的経営」「日本型福祉社会」「自民党型分配システム」があったからだと考えます。そこでは、正社員や公務員のように、組織に属することで「安定」が実現されると考えられていました。

これに対して左バージョンの反近代主義は、安定した日本社会の中にむしろ戦前の「日本型ファシズム」の残滓を見出し、これを可能にした国家権力や滅私奉公的な労働を非難します。終身雇用や年功序列といった雇用慣行も、批判の対象となりました。こうした観点から、「消費者」や「生活者」としての権利が重視されるようになります。この反近代主義においては、組織に束縛されず、個人の力で生きていける「自由」な社会が理想とされていました。

一九七〇年代以降、政党政治での多党化が進み、その多くが利益政治批判や官僚制への批判を唱えたのは、こうした左バージョンの反近代主義が背景にあったからだと言ってもいいかもしれません。

いずれにしても、この二つの反近代主義が、一九八〇年代以降の対立軸を形成していくことになります。言い換えれば、この時代には「安定」vs.「自由」の二極が、有権者の政治観を大きく規定するようになったのです。この時代には、八五年のプラザ合意を機に円高が進行し、世界中のマネーが日本に流入して、バブル経済が進んでいきます。経済的なユーフォリア（高揚感）の中で中曽根政権が長期政権を実現しますが、そこでは相変わらず、自民党の利益政治が批判の対象となっていました。

†新自由主義はなぜ台頭したのか

この構図が大きく変わるのは二〇〇〇年代に入って、新自由主義（ネオリベラリズム）

が台頭してからです。これをもって、二つの反近代主義は退場を余儀なくされます。原理としての新自由主義は、市場主義と個人主義からなりますが、このうち市場主義は、右の反近代主義を包摂し、個人主義は左の反近代主義と結びつきました。こうして新自由主義は、政治におけるヘゲモニーを握ることになります。二〇〇一年から〇六年まで政権の座にあった小泉内閣は、歴代で五位の長期政権となりましたが、それは右の反近代主義と左の反近代主義とを上手に接合できたからでもあります。

整理すれば、一九八〇年代から九〇年代にかけては「安定」vs.「自由」が主要な対立軸をなし、やがて新自由主義が登場し、これが支配的になっていく。九〇年代の橋本政権から二〇〇〇年代の小泉政権、さらに野党第一党の民主党も行財政改革の旗を振ることで、大きな政府や護送船団方式が批判され、そのもとでの個人の自立ということが、政治における共通の目標となりました。当時は、「社畜」という言葉が生まれる一方で、規制緩和や「官vs.民」といった現象が注目されました。

もっとも、その過程は、地域社会や業界などの中間集団が弱体化し、人と人とを結び付けていた紐帯が劣化していく過程でもありました。もともと、それほど厚みのない日本の中間集団が、さらに解体されていくことになります。

産業構造も、もちろん大きく転換していきます。このため、同じ経済団体に属していても、重視すべきはサービス産業なのか製造業なのか、製造業であるとしても国内市場重視なのか輸出重視なのか、サービス産業であればそれは個人向けなのか事業所向けなのか、利害対立が生じるようになります。

農業もその例外ではありません。たとえば農協は、「農業者によって組織された協同組合」ですが、組織が大きくなるなかで、本来の農業事業は赤字に転じ、金融や共済部門でこれをカバーするようになり、組合員の中からは「組織の維持が目的」になっているのではないか、という批判の声が上がってくるようになりました。

「安定」を希求する人々の暮らしは、日本型の生活保障によって支えられていました。男性が働き手となって、その賃金で家計が支えられ、家庭内労働については専業主婦が切り盛りするという、いわゆる「男性稼ぎ手モデル」です。もっとも、これは、介護や育児にかかるコストを家庭内で引き受けることによって、換言すれば、男性が働いて得た賃金と主婦の時間を組み合わせることで可能になっていたものでした。

こうしたなかで、安定した就業先のある働き手は、第二章で見たように、政官が当該セクターを保護する「鉄の三角形」のもとで守られ、農業のような競争力に劣るセクターは、規制や関税を通じて政府が保護・育成を図るという政策が採られていました。

ところが、新自由主義のヘゲモニーが台頭していくなかで、産業構造が転換し、働き方が多様化してくると、日本型の生活保障は、こうした変化に対応し切れなくなってきます。何よりも、バブルの崩壊とそれ以降のデフレ経済によって、世帯の平均年収は二〇〇〇年代以降一割ほど減り、雇用も流動化することで、男性稼ぎ手モデル、すなわち男性の正規労働者が家庭を支えることを通じて国民の生活全般を支えるという回路はショートします。この間、日本の一人あたりGDPは世界三位から二〇位以下へと滑り落ちるとともに、一九九八年には一年間の自殺者数が過去最高の三万人を超えることになります。

問題は、日本一国で努力や改革をしても、かつてのような好景気は望むべくもないということです。先進諸国は軒並み、低成長を余儀なくされています。

たとえば、先進国と新興国とで名目GDPの割合を見てみると、一九九〇年段階では先進国八に対し新興国二というシェアだったのが、二〇一五年には約六対四に変化していますし(IMF予想数値)。富の流れが変わるなか、先進各国の潜在成長率は、長期的に低下傾向にあります。八〇年代には四パーセント、九〇年代には三パーセントであった先進七カ国の実質成長率は、二〇〇〇年代には二パーセント前後にまで低下していきます。日本に限っていえば、その潜在成長率は、八〇年代に三〜四パーセントだったのが、バブル崩壊後の九〇年代には一パーセント前後に低下、最近では〇パーセントと言われています。日米欧の先進一〇カ国の潜在成長率は、平均年一・五パーセント程度に過ぎません(二〇一三年、IMF試算)。一国経済の高い成長を実現するには、世界経済を浮揚させるしかありませんが、先進各国が協調しても、そのパイが縮小しつつあるのでは限界があります。

†「小さい」ではなく「賢い」政府

経済改革によって、人々の生活がむしろ困窮化する状況にあって、新自由主義流の小さな政府を実現することは、もはや現実的な選択肢とはなりません。たとえば、人口一〇〇〇人当たりの公務員数で言えば、日本は一八・二人です。それに対してアメリカは二二・二人、イギリス二八・七人、フランス三五人、ドイツ三五・一人となっています。つまり、日本はすでに小さな政府を実現しているのです。日本型の生活保障が立ち行かなくなっているなかで、政府の規模をさらに縮小させるというのは、現実的な選択肢ではありません。

むしろ、政府が果たさなければならない役割は、かつてないほど高まっています。少子高齢社会となり、富の偏在や地域間・世代間格差が進んでいます。社会的な平等を達成する重要な手段である教育も、教育にかかる費用や機会が家庭の経済力を反映するような不平等なものになっています。社会的な上昇機会が少ない社会ほど、不平等な社会となることが分かっています。

低成長が常態となり、グローバル化が進展し、地域社会をはじめとする中間集団の解体が進み、個人化が避けられないなかで、実現可能な政策の選択肢は、これまで以上に狭まっています。たとえばTPPにしても、もともとは民主党の菅直人政権が二〇一〇年一〇月に臨時国会の所信表明演説で参加を検討すると言ったことにさかのぼります。このとき反対した自民党は与党時には推進側となり、野党に転じた民主党は反対に回ります。政権与党であれば、選択せざるを得ない政策だったことが分かります。残る差は、いかに日本の産業にダメージを与えないように交渉を進めることができるか、という能力の違いでしかありません。

社会保障の財源についても同様です。社会保障の水準を最低限でも維持していくには、消費税率を引き上げ、景気に左右されないその税収を社会保障の財源に充てるというのが、いずれの政党にとっても確実な選択肢です。消費税率引き上げに反対だった民主党に対して、二〇一〇年の参院選で自民党は引き上げを唱え、結局、民自公によって増税が決められ、その後、安倍自民党政権のもとでそれが実現したことは象徴的です。どのようなタイミングで、どの程度税率を上げるかという技術的なところでしか、政党間の違いは出てきません。さらには二〇一六年の参院選では、選挙を優先して、与党も野党第一党も、ともに先送りを決めました。

ダニエル・ベルという社会学者は、現代の政府は個人に降りかかる大きな問題を解決するには小さすぎるが、個人の生活にまつわる小さな問題を解決するには大きすぎる、と一九七〇年代に述べたことがありますが、このジレンマをいかに解きほぐすかが問われていると言えるでしょう。

プリンストン大学のダニ・ロドリックも、主著である『グローバリゼーション・パラドクス』で、現代世界において民主主義、国家主権、グローバル化の三つを同時に成り立たせることはできず、これらのうち、二つの組み合わせしか採り得ないと論じています。なぜなら、グローバル化と国家主権を前提にすると、グローバル化に反対する民主主義を無視することになり、民主主義とグローバル化を前提とした場合、各国政府の協調が必要になるものの、それは国家主権の制約につながるためです。結果として、民主主義と国家主権という、これまで二世紀にわたって徐々に完成させてきた組み合わせを前提にして、グローバル化を適度に統御していくしかないと言います。

すでに世界では、二〇〇兆ドルという、とてつもない金融資産が国境を越えて積み上がっています。世界の金融市場はこの二〇年で倍増して、各国のGDPの総計の四倍にもなっています。為替取引高は一日だけで五兆ドルにのぼります。つまり、一国ではグローバル資本主義に対抗もできなければ、そこから抜け出すこともできないのです。したがって、政権を担う政党であれば、グローバルなものとナショナルなものを二項対立にせず、グローバルな環境に適度に対応しつつ、国民の厚生を高めていくという、漸進主義的な態度が求められます。

それだけでなく、格差問題やエネルギー問題、国境を越えて拡散する環境問題などは、どんどん短く激しくなっている各国の、民主政治のサイクルと齟齬を来すようになっています。どの問題も数世代をかけて取り組まなければならない問題です。いくら選挙で統治する政党を決めたとしても、それで一気に問題が解決するような時代を私たちは生きていません。

こうした状況にあっては、一九九〇年代の対立軸を引きずって「大きな政府」か「小さな政府」かを問うような論議はまやかしに過ぎないことを確認しておきたいと思います。GDP比で一七〇パーセントもの公的債務を抱える一方で、社会全体が困窮化している今、問わなくてはならないのは、「いかにして賢い政府を作るか」ということです。

†対立軸は消失したのか？

二〇〇九年の民主党政権は、子ども手当や高校無償化を実現させましたが、だからといって、大きな政府と財政支出増だけを目指したわけではありません。「コンクリートから人へ」というスローガンに見られるように、日本におけるポスト新自由主義の萌芽も見られました。ただ、その方向性はまだ定まっていません。

本章の冒頭で見た、日本で良い方向に向かっているとされた「科学技術」「医療・福祉」「防災」は、どの政党も今の水準以上を目指さざるを得ない領域です。反対に、悪い方向に向かっているとされた「国の財政」「物価」「地域格差」などの分野に取り組まなくてよしとする政党もないはずです。こうした問題群において、少なくとも政権担当能力を証明して政権交代を目指す野党と与党の違いは、問題解決のための方法や手段をめぐるものとなります。

ハロルド・クラークという政治学者は、政党間の競争においては、互いに異なる「対立型争点」以上に「合意型争点」、すなわち有権者の期待が収斂している争点群に関して、どれだけアピールできるかが選挙時の決め手になる、と強調しました。

争点というと、私たちは、ある政党は賛成で別の政党は反対といった、なかなか合意できない重要課題というイメージを持ちがちですが、実際には暮らしの安心であったり、充実した社会保障や質の高い教育であったりと、政治に求めるものにそう大きな違いはありません。その上で、どの政党がより確実かつ迅速にこうした「合意型争点」を実現できるのかを見極めて投票する、というのが議論の核心です。一言でいえば、政党の政権担当能力の高低が、投票の基準になるということです。

こうした範囲の中で繰り広げられる与野党の競争にあって、対立軸はもはや消失してしまったのかといえば、そうではありません。以下では、「合意型争点」における対立軸と「対立型争点」における対立軸の二つの次元に分けて論じてみたいと思います。

†合意型争点①——ユニバーサルな社会保障

二〇〇〇年代後半になって、国民の関心はますます医療・福祉などの社会保障の維持と、安定した雇用確保に向かっています。選挙に際して、多くのマスメディアは争点探しに躍起になりますが、実際の世論調査では、福祉・医療・雇用・景気などの生活保障こそを重視しているとの意見は八割近くを占めます。

そこで、「合意型争点」でまず問われるべきは、「ユニバーサルな社会保障」をいかにして実現できるかにあります。

戦後の自民党システムが作り上げた「男性稼ぎ手モデル」を主軸とする、生産力と生活保障のカップリングは、低成長と生活スタイルの多様化によって、もはや機能していません。正規雇用の男性ホワイトカラーの稼ぎを家計にトリクルダウンさせることができなくなったことで、女性がパートを含む形で働き手とならざるを得ないのです。女性の就業状況を見てみると、少なくない女性が結婚や出産で労働市場からいったん退出し、子育てなどが一段落すると再び労働市場に参入しており、このため就業率は「M」字型を描きます。これは多くの国で共通していますが、日本の場合、M字の底が深いのが特徴でした。一五年前には、働いている女性の約四人に一人が三〇代前半に仕事を離れていましたが、二〇一〇年代になるとこの割合は五人に一人程度になります。男女雇用機会均等法(一九八五年)の効果で、女性のキャリアに対する考え方が変化したり、男女間の性別役割の期待値が変化したことも影響していますが、教育や医療など、将来に予想される支出総額が増える一方で、家計の所得が減るのであれば、女性がその分をカバーするしかありません。

二〇一六年春には、「昨日見事に保育園落ちたわ。どうすんだよ私活躍出来ねーじゃねーか。保育園落ちた日本死ね」と書き綴った匿名ブログが国会でも話題になりましたが、女性が働かざるを得ない状況があり、それを前提とする保育園や介護施設などの環境整備と制度作りが進んでいないことに対する多くの人の共感と怒りが、この話題を後押ししたといえるでしょう。

女性が子どもを産むようにと、家庭に押しとどめようとすれば、それは逆に少子化を促してしまうことになります。なぜなら、男性稼ぎ手モデルは破綻し、世帯所得も減少しているわけですから、こうしたなかで女性は、自分も働きに出て、子どもは産まないという選択をすることになるからです。それゆえ、女性が働きやすく、かつ、子どもを産みやすく育てやすい環境を整える両立支援が重要になってきます。

第二子も対象とするかどうか、所得制限を設けるかどうかといった重要な違いもありますが、二〇〇八年に麻生政権は「子育て応援特別手当」を設け、次いで民主党政権も子ども手当を続け、この制度の骨子は、安倍自民党政権においても引き継がれています。大多数の利益になるこうした政策で、与野党が知恵を出し合うことも大切です。

子育てのみならず、介護や医療など、生活全般を支えていた有形無形の仕組みが瓦解しつつある現在、それまでは一体化していた働き方と社会保障をデカップリング（切り離し）して、納税者であれば（あるいは納税できない人でも）、等しく生活に必要なサービスを受けられるユニバーサルな制度設計は、多くの有権者から支持を得られるはずです。

民主党は二〇〇九年の政権交代時に、年金制度の一元化と、月額七万円の最低保障年金を約束し、野田政権時には自民・公明と「社会保障と税の一体改革」で合意しました。ただ、前者が本格的に取り組まれることはなく、後者にしても、消費増税以外には、遺族基礎年金の父子家庭への拡大、年金の受給資格期間の一〇年への短縮など、部分的でパッチワーク的な改革しか生んでいません。現在の日本は、税と社会保障を通じて再分配を行うとむしろ格差が開いてしまうという異常な事態にあり、当初から低い再分配効果しか持ちえていませんから、税制改革は急務のはずです。

雇用と社会保障を切り離すユニバーサルな社会保障を構築する上で、それ以上に避けて通れないのが、雇用問題です。非正規雇用者の数は、一九九二年には全体の二割程度だったのが、いまでは四割を超えます。正規と非正規の間には賃金の格差以上に、雇用保険や健康保険、年金制度への加入など、セーフティーネットの質や機会に関して不平等があります。

正規雇用であっても、賃金と所得が切り下げられたまま、教育や福祉などの不可欠なニーズに対して相対的に高い支出を求められれば、所得は消費ではなく、貯蓄に回されることになります。正規雇用の賃金水準低下分は、非正規雇用の増大によって補うことが可能になるので、低成長の中では、結果として非正規雇用だけが拡大していくことなります。こうした悪循環を止めるには、将来不安を取り除くとともに、労働市場の柔軟化や就業形態の多様化から生じる非正規雇用であっても、充実した社会福祉サービスと社会的上昇が可能となる機会の保障が実現されなければならないでしょう。

こうした話をすると、財源の問題が出てきます。医療と介護、教育と子育てに支出をするのはよいが、赤字財政の中でその財源をどこから調達するのか、消費税を欧州並みにすれば消費が腰折れしてしまうのではないかという議論です。そこから、まずは企業の体力をつけた上で経済成長を実現し、過去一五年で二倍以上に増額したキャッシュフローを投資に回すことで賃金上昇を実現して、消費増による好景気を追い風にして、非正規雇用を正規雇用に転換していくという政策も考えられるでしょう。金融緩和、財政支出、構造改革の三本の矢からなるアベノミクスは、基本的にこうした考え方です（もっともこの三本の矢は従来からのオーソドックスな経済政策のメニューを並べただけ、ということにも留意しておきましょう）。

†合意型争点②——貧困への対処

ここでの問題は、もはや現代社会の貧困が、経済成長だけでは解決できない類のものであるということです。たとえば、離婚件数はこの四半世紀でほぼ倍増しましたが、その多くは若年層です。そして調停離婚の数字だけを見ても、約八割は母親が子どもを育てています。また、離婚した女性の約八割は養育費を受け取れていないという調査結果もあります。したがって、女性の一人親は働かざるを得ず、その割合も八割と、先進国の中では高い部類に入ります。しかも、日本の場合、母子家庭の半数は年収一〇〇万〜二〇〇万円の貧困家庭です。

こうした「ワーキングプア」の事例として、ここではシングルマザーを挙げましたが、これまでの男性稼ぎ手モデル、正規雇用、社会保障の三位一体が揺るがない地位にあるのならば、経済成長だけでも、人々の生活は豊かになったかもしれません。もっとも、生活や就労を含めて、様々なものを個人で処理し、引き受けなければならなくなっていることで生じている現代社会の貧困は、それだけでは解決できません。

社会学者ジョック・ヤングは、一九六〇年代を境にして、多くの先進国で、それまで同質的で安定的な「包摂型社会」であったのが、徐々に「排除型社会」へとシフトしていったと指摘しています。戦後、先進国では大量生産、大量消費の実現を通じて、多様な人々を社会へ包摂してきたわけですが、これが逆説的に、排除の論理を生むようになっていきます。個人主義が社会に根づいて、個人が社会の構成単位となることで、労働市場での選別が進み、文化や人種、ジェンダーに関する差別が増加し、他方で安心・安全を理由とするセキュリティが強化されていくことで、疑わしきは排除するということが当たり前の社会となっていきます。「人それぞれ」という寛容の論理は、やがて「みなが他人」という社会の分極化を推し進め、互いが互いを排除するようになったというのが、ジョック・ヤングの見立てです。こうした分断は、経済成長を実現し、富を分配したからといって、解消するものではありません。

とりわけ日本では、こうした分断が鋭く生じていると見ることができます。米の調査会社ピュー・リサーチセンターが世界四七カ国を対象に二〇〇七年に実施した世論調査で、

「自力で生活できない人を政府が助ける必要はあるか」と尋ねたところ、日本では実に三八パーセントの人が「助ける必要はない」と回答しています。欧州諸国は軒並み一〇パーセント前後、アメリカですら二八パーセントですから、日本のこの数値は突出しています。これは、男性稼ぎ手モデルの自明性を疑わず、生活は自力でするものだとの意識が日本では根強く、これが自己責任論の台頭につながっていったとも言えます。

それゆえ、日本では不況が長引くと社会が傷むという、忌むべき特質があります。たとえば、失業率と自殺率や犯罪率が相関する程度は、他国と比べても高くなります。裏を返せば、これは経済成長を実現していかなければ、常に社会に負荷がかかるということを意味します。また、高校や大学を卒業する時のタイミング、つまりは生年によって正規雇用になれるか否かが決まり、その結果としてライフチャンス（社会的に包摂されつつ個人で選択肢を持っていること）が左右されることほど不条理なことはありません。一国単位では統御できなくなっている経済成長に依存せずに、負の相関をいかにすれば止めることができるのか。その方策について、政党や政治家は知恵を競い合わなければなりません。

†合意型争点③――「ヒト」への投資

その際、ヒントとなるのは、日本の人的資本投資の度合いの低さです。人的資本投資とは、教育や職業訓練など人の知識や技能の向上に役立てるための支出です。他のOECD諸国と比べると、日本のGDPに占める職業訓練などの人的資本への投資は、ほぼ半分程度に過ぎません。公的な教育支出にしても、とりわけ中高等教育では最下位レベルに甘んじています。人への投資が、生産性の向上や技術革新などを促し、ひいてはそれが経済成長を可能にするということは、多くの理論が指摘するところです。豊かな成長のためにも、強い社会が作られなければなりません。

思い起こせば、二〇〇五年の第一次安倍政権は「再チャレンジ」、二〇〇九年の民主党政権は「居場所と出番のある社会」、そして第二次安倍政権は「一億層活躍」を、スローガンとして掲げました。その意味内容はともかく、目指すところは同じようにも見えます。この路線は、どのような政党が今後、政権の座に就いても、大きく変えることは難しいはずです。

財政赤字と人口減という長期的な課題と、内需不足と投資不足という短期的な課題の双方を上手に解決していかなければならないのは、どの政権でも同じです。社会学者の盛山和夫は、政府が子育て支援を充実させたり、年金水準を維持したりすることで、社会保障領域の経済活動を後押しするような「生活革新型成長」を目指すべきだとしています。確かに、財政赤字と人口減という長期的な課題がある中で、社会保障領域で新たな需要を掘り起こしていくことは重視されるべきです。政府が二〇一六年五月にまとめた「一億総活躍社会プラン」にも、「子育て支援や社会保障の基盤を強化し、それが経済を強くするという新たな経済社会システム創りに挑戦する」とありますが、それを可能にする「賢い政府」を主導する政治がなければなりません。

もっとも、どのような分野がその国を牽引する成長産業になるかは、政府の力だけで特定し、実際に成長産業へと育て上げることなど、不可能です。その国の最大の資産であり、競争力の源となるのは、自分の頭でものを考え、行動に移すことのできる「ヒト」です。人への投資を怠れば、その国の将来はありません。

†ピケティが示したこと

ユニバーサルな社会保障をいかにして設計するかが、「合意型争点」での対立軸の一つだとして、もう一つの「対立型争点」における対立軸としては、どのようなものが考えられるでしょうか。

以下では二つ、挙げてみたいと思います。

一つはグローバルな資本主義から利益を得るだけでなく、いかにしてこれを統御していくか、ということです。

社会科学の本としては異例のベストセラーとなったトマ・ピケティの『21世紀の資本』は、先進国における「格差」の存在と進展を裏づけた研究として知られています。ただ、この書で「格差」訳されているのは、原文のフランス語では「イネガリテ(inégalité)」、英語では「イネクオリティ(inequality)」ですから、本来の意味は「不平等」となります。

ピケティは、経済成長率を資本収益率が上回ると、この不平等が拡大していくと論証しているわけですが、実はあまり指摘されていない重要なことも言っています。一九世紀までの不平等な社会は、第一次世界大戦を機に縮小し始め、第二次世界大戦を経て、所得の不平等度は低下していったということです。

戦争になると、国家は総動員体制を敷いて、戦費調達のために社会の諸領域に介入するとともに格差を改善し、ナショナリズムを昂揚させ、社会を平準化する必要が生じてきます。その結果として、平等な社会が生まれることになるわけです。このように平等化が進んだプロセスを、ピケティは「一九一四―一九四五年のショック」と呼んでいます。資本主義体制は戦争を招来するというのがマルクス＝レーニン主義の教条であったとすれば、資本主義における不平等は戦争によって是正されるということを、ピケティは論証したのです。たとえばイギリスでは、国家歳入の不足分を埋めるために、第一次世界大戦後に所得税の課税ベースを大幅に拡大しましたし、その他の国を含め、第一次世界大戦と第二次世界大戦後に女性の参政権などを実現していきました。戦争中に女性の社会進出が進んだことが理由です。

しかし、戦後になって長い平和が続くと、所得格差が拡大していきます。やがて東西冷戦が終わると、自由民主主義国と社会主義国との体制間競争も終わり、格差を平準化するインセンティブもなくなりました。

つまり、ピケティが暗に明らかにしたことは、二〇世紀後半という時代が、長い人類の歴史の中で、戦争という偶然によって、いかに例外的に平等な社会が実現されたのか、ということでした。資本主義それ自体では自己修正が効きにくく、これを政治の力でどう調整していくかは、非常に重要な政策課題であり続けています。ピケティ自身は、累進課税の強化と国際的な資本課税を処方箋として出していますが、グローバルな資本主義体制の中で、いかに自国の民主主義を守りつつ、平等かつ活力ある社会を作っていくのか。これについては、闊達な議論がなされる必要があるでしょう。アメリカのトランプ現象や、ヨーロッパのポピュリスト政党の台頭は、社会的な不平等の進展と無関係ではありません。

†対立型争点①――小国主義か、大国主義か?

グローバルな資本主義体制をどうするかということと関連して考えられる第一の対立型

争点は、これからの日本は小国主義でいくのか、それとも大国主義でいくのか、というものです。

人口減少に転じ、マーケットや生産力も縮小していくことを前提とする小国主義を、日本が今後とっていくのであれば、サービス業を中心に内需型の経済となることを意味します。安全保障では、近隣諸国との協調を強化し、紛争解決などには関与せず、自国のみの繁栄に専念していくことになります。経済分野では、農業や航空宇宙など生産性の低いものからは徐々に手を引き、高付加価値の知識型経済へとシフトすることになります。ヒト・モノ・カネをなるべく国内で調達し、流通させるというイメージです。政治家の言葉で言えば、かつて武村正義が、石橋湛山の言葉を借りて、日本のあるべき姿を「小さくともキラリと光る国」と表現しましたが、それに近いかもしれません。

それとは逆に大国主義でいくのであれば、グローバル化に棹さして、輸出大国として君臨し、外貨を稼いで国内に投資する国として生きていかなければなりません。移民受け入れや英語教育の拡充も図っていくことになるでしょう。安全保障で言えば、日米同盟を強化しつつ、より積極的な平和維持活動を行っていかなければなりません。ヒト・モノ・カネならびに平和をも、国境を越えて調達していくというイメージです。安倍晋三の言う「ニッポン一億総活躍」を連想させるかもしれません。

日本近代史が専門の田中彰は、日本は明治以来、小国か大国かの二つの路線の間で常に揺れてきた、と指摘しています。明治四年から約二年にわたって欧米各国を歴訪した岩倉使節団は、その『米欧回覧実記』でドイツ、フランスなどの大国だけでなく、スイスやベルギー、デンマークといった小国も取り上げて、その特徴を記していました。自由民権運動を担った中江兆民もまた小国主義を志向していました。もっとも、小国主義路線という選択肢は、日清戦争と日露戦争での勝利をきっかけに棄却され、太平洋戦争に敗北した後に、再び日本は小国主義路線を選んだというのが、田中が提示した見取り図です。

いまやアメリカの覇権も相対化され、国際社会は流動性を高め、国民経済はグローバルに変容するなど、戦後日本の小国主義を可能にしていた環境も変化しつつあります。人口を一億人以上抱えている上に、その国民の同質性が相対的に高いという点で、日本は世界でも特殊な国です。数億人規模の人口を抱えるアメリカや中国とも違いますし、数百万人しかいないヨーロッパの小国とも違います。それゆえ、大国主義か小国主義かは、常に政治的な争点となって現れることになるでしょう。日米安保の運用や憲法九条の改正問題も絡んでくるであろう、この岐路のどちらを選ぶのかは、政党間のみならず、国民の間でも意見が分かれる争点となるはずです。

†対立型争点②――オーソリタリアンvs.リバタリアン？

国際社会における日本の立ち位置にも関連する、国内での「対立型争点」について考えてみたいと思います。

政治学者トーベン・イヴァセンは、経済政策をめぐる政治の対立軸は、先進国においては過ぎ去ってはいないものの、近年、その性質は大きく変わったと指摘しています。かつての階級政治は、所得の高低に応じた対立でした。しかし、産業構造と労働市場の変化を経た新自由主義の時代以降、低所得者層は単純労働と対人サービス業に、中・高所得者層は熟練労働者と専門職とに分化していきます。あえて日本に置き換えれば、地方の工場で働く派遣社員と都市部のチェーン店で働くアルバイト、さらに製造業で働く正規雇用と弁護士や医者などへの分化と言えば分かりやすいかもしれません。（図参照）

こうした見取り図に基づけば、確かに所得の高低では再分配をめぐる従来の政治になりますが、他方で技能の種類の違いに基礎を置いた場合、階級交差型の新しい政治の可能性が開けてきます。所得の高低のみならず、どのような教育を受けて、どのような分野で働いているかという職能に応じて、つまりはその人の生きている世界や価値観は、人によって大きく異なっています。

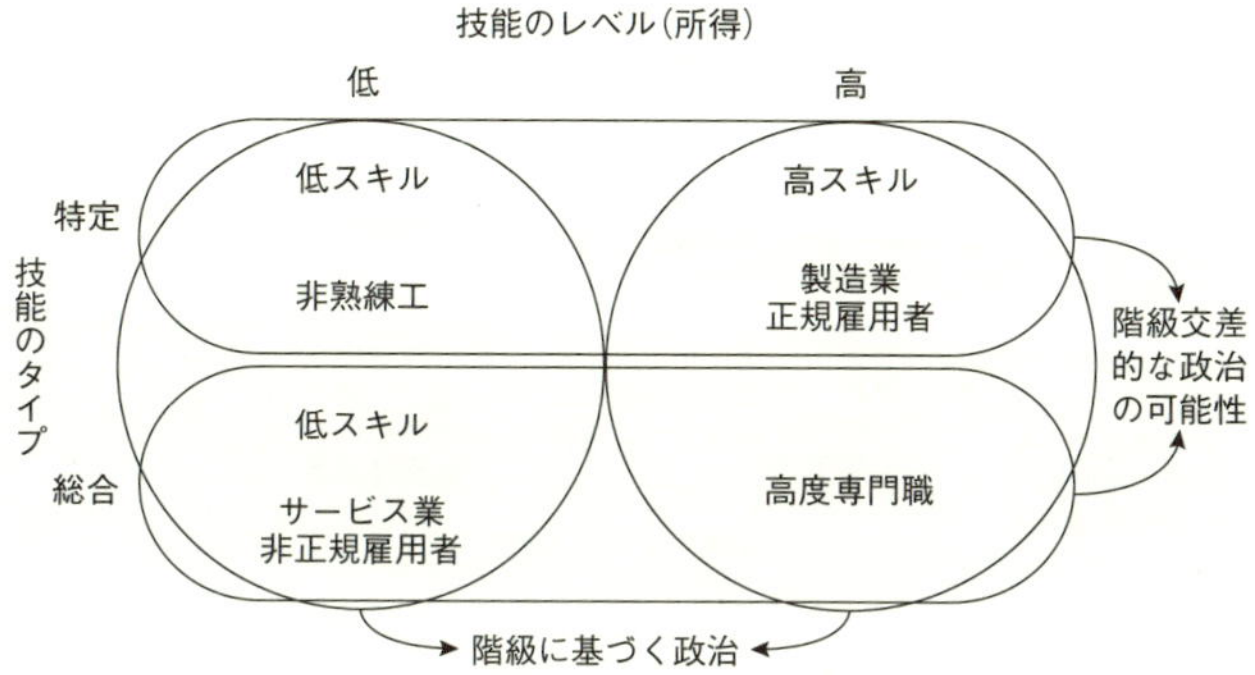

出典：Iversen, Torben "Class Politics is Dead! Long Live Class Politics! A Political Economy Perspective on the New Partisan Politics," in *APSA-CP*, vol. 17, no. 2. に基づいて作成。

日本における正規雇用と非正規雇用の分断も、こうした事態に呼応するものと言えるでしょう。こうしたなかで、非正規に集中する非大卒者や女性など、社会の中での相対的な非主流派が、社会に対する不満を抱き、格差に敏感であるという意識調査もあります。

ところが、一九世紀から作られてきた、保守主義、自由主義、社民主義、共産主義など政治的な諸潮流は、複雑に交差するこうした利害問題に対応していません。ですから、ここには次世代の対立型争点の鍵が隠されているかもしれません。

政治学者キッチェルトは、一九世紀以降の資本主義と社会主義の対立に加えて、一九八〇年代以降にリバタリアン（自由至上主義）とオーソリタリアン（権威主義）という、価値観・世界観に基づく対立が顕わになってきたとの指摘をしていま

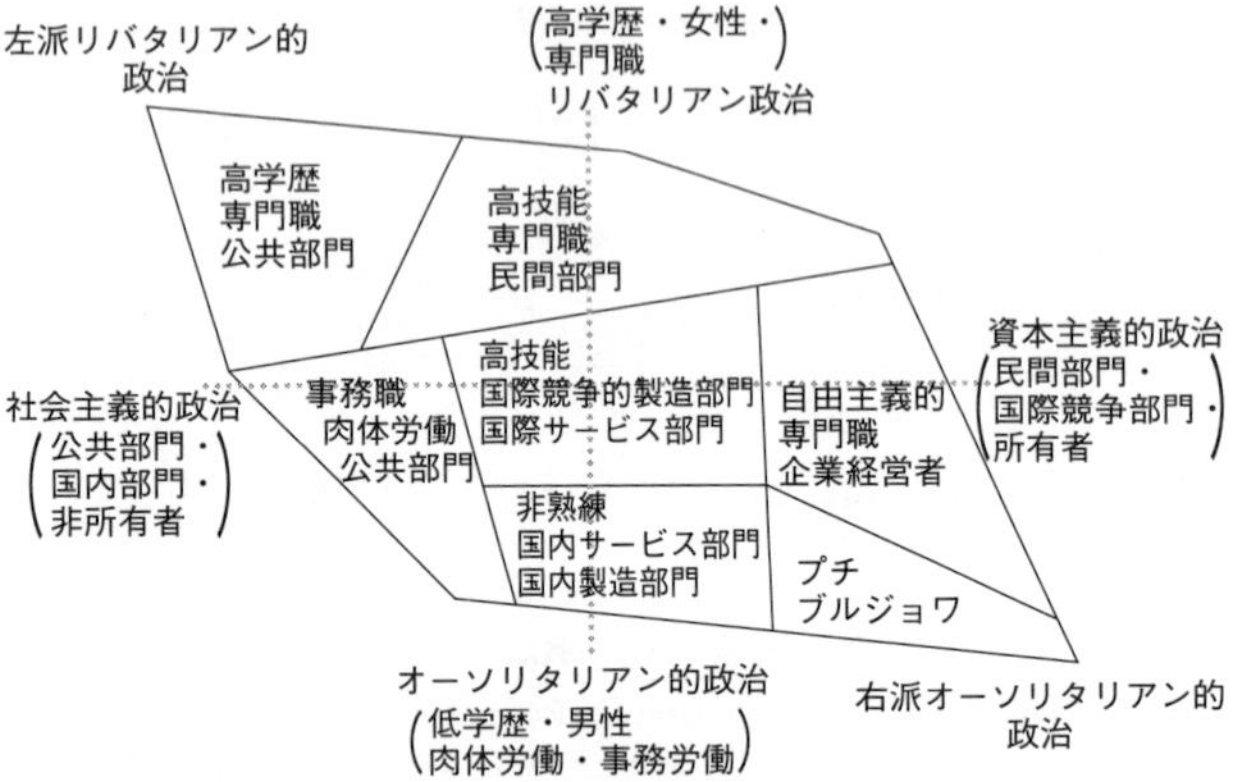

出典：H. Kitschelt, *The Transformation of European Social Democracy* p. 27より作成

す（図参照）。

リバタリアン的な人物は、高等教育を受け、サービス産業に従事し、国際感覚もあり、個人の自由の尊重や自己決定に寛容な人々です。左派ではなく、日本で言う「リベラル」という語の感覚に近いかもしれません。

これに対して、オーソリタリアン的な人物は中等教育まで受けた人で、非熟練工、国内向けの製造業などに従事している人々です。保守というよりも、日本では「マイルドヤンキー」などという言葉でイメージされるかもしれません。

日本でも、こうした価値観の変化を認めることができます。SSM（「社会階層と社会移動全国調査」）という全国調査では、一九九五年から二〇一〇年の間に、「権威ある人々にはつねに敬意をはらわなければならない」とする日本人が、一〇パーセントから一九パーセントへとほぼ倍増しています。逆に「そう思わない」とする人々は、三五パーセントから一三パーセントへと縮小しています。

一方で、一九八〇年代生まれの若年層は、今の自分の生活や個人間の競争を重視し、社会より個人を優先させる自由至上主義を重視する傾向が確認されています。

こうしたオーソリタリアンの軸とリバタリアンの軸は、共同体を個人より優先させるべきと考えるのか、それとも、個人は共同体に優先すると考えるのかという、共同体―個人の対立軸でもあります。

もちろん、工業社会において形成された経済的な対立軸と、ポスト工業社会になって形づくられつつある価値的な対立軸は交差しています。左派でオーソリタリアンな人もいれば、右派でリバタリアンな人もいますが、そうした「民意の残余」を代表するような政党は、なかなか現れていないのが現状です。第一章や第三章で見たように、欧米の主要政党は、こうした主権者のあり方の変化に応じて、新たな対立軸を形成していきましたが、日本ではそうしたダイナミズムはまだ生まれていません。

†浮上するライフ・ポリティクス

これと同心円状に重なるのが、社会学者ギデンズの言う「ライフ・ポリティクス」です。

これは、個人の生き方にかかわる争点を重視する政治のことです。海外ではセクシュアリティ（性的志向）や道徳・宗教教育、中絶の是非、ジェンダー役割、尊厳死等をどのように扱うのかが、政治でも無視できない争点になっています。日本でも、かつてピル解禁が大きな論争となったことがありました。また、近年ではようやくLGBTの問題があらためて多くの関心を集めています。政治家の中にも、自身がLGBTであることを公言する人が出てきました。さらに二〇一五年の民主党代表選では、政策調査会長だった細野豪志がLGBT問題に積極的に取り組むとして、注目を浴びました。

また、家族のあり方が多様化し、女性の労働力を確保していかなくてはならない中で、夫婦別姓をどうするのか。一〇〇年前と比べてほぼ二倍になった平均寿命が実現して、これからますます直面するであろう尊厳死や安楽死の要請をどう考えるのか。犯罪抑止効果は疑問視されているものの、先進国の中では例外的に存続している死刑制度は維持すべきなのか。

こうした議論は、政治の問題として扱うのには馴染まず、専門家に任せるべきだという意見もあるかもしれません。ただ、これらの問題は、異なる立場の間で妥協や譲歩するのが難しい問題であると同時に、社会のあり方にかかわる価値的な問題でもあります。だからこそ、政治から隔離せず、パブリックな形で議論しなければならないはずです。各領域の専門家は、人々が討議し、考える上で役立つ材料を提供する役割にとどまるべきです。価値的な問題であればこそ、政治が選択肢を提供することが大事なのです。

このように既存の政治の中で無視されていたり、取り上げられていない問題を公に取り上げるような、問題発見と課題発見をすることも、「民意の残余」を代表せんとする野党の重要な役割と機能です。社会に存在する問題を院外の運動が可視化し、野党を含む政党がこれを争点化するというのは、オポジション政治の王道です。

ウルリヒ・ベックという社会学者は、近代になって科学技術が格段に進歩し、生活が豊かになっていくほど、階級や格差の意識は薄れるものの、様々なリスクは個人で引き受けなければならなくなったと言います。しかし、科学技術の進歩も個人化の流れも、押しとどめることはできません。したがって、リスクはゼロにならず、絶対的な安心・安全は実現しようがありません。そうであれば、ますます相関が強まっている、リスクに対する不平等と経済的な不平等をまずは切り離し、その上で、どの程度までならリスクを引き受けられるかの線引きを、社会で決めていくことが大切になります。

これまで日本の政治は、野党を含め、この領域にかかわる問題を放置して、決定を個々人に委ねてきました。公的な介入も、何らかの政策も打ち出してこなかったために、人々の閉塞感や苛立ちを増大させてしまった可能性があります。

誰がどの程度まで人生のリスクを引き受けるのかは、民主的な議論によって決めるしかありません。共同体が背負うリスクとは何で、個人の自由はどこまで許されるか。自由を制約してまでリスクを軽減すべきなのか。これらの点について議論をせず、政治も何もしないのであれば、リスクを不均等に押しつけたり、リスクなど存在しないかのように振舞うことになります。結果として、リスクはますます増大していき、脆弱な社会が現れることになります。

†二つの「対立的争点」と日本の政党

大国主義vs.小国主義と共同体vs.個人の二つの「対立的争点」の軸を組み合わせた上で、これを現在の日本の政党に当てはめてみると、おおよそ次のようになるでしょう(図参照)。

図の四象限で言えば、横軸の「非グローバル・小国主義」と「グローバル・大国主義」は、物質主義的な次元に属する問題です。端的に言えば、資源の配分とその方法と範囲にかかわる領域です。縦軸は、共同体か個人かの価値をめぐる争点、かつて政治学者イングルハートの言った言葉を借りれば「脱物質的な価値観」に関わる問題領域です。

日本を含め、先進諸国はもはや工業社会ではなく、冷戦体制崩壊とグローバル化の進展

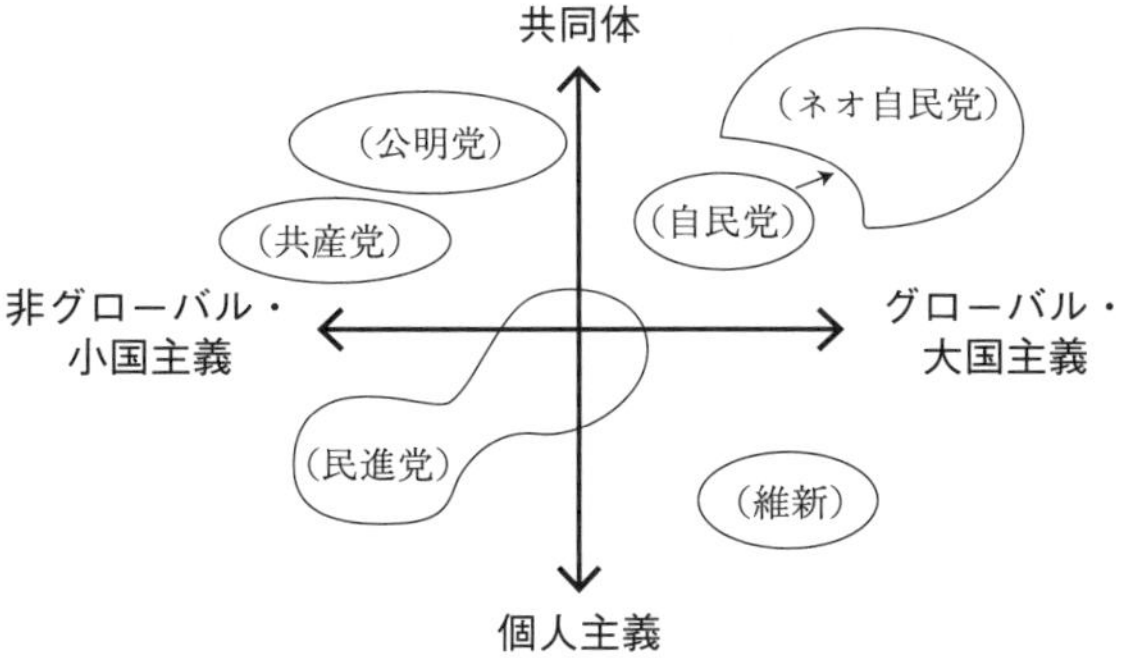

という、動かし難い現実を前提として、これまでの対立軸を組み替えていかなければなりません。それには、一九世紀以降に作られてきた政治的イデオロギーと党派、そして戦後に完成した利益配分システム双方のイノヴェーションが必要です。これを担うのも野党の役割でしょう。

†新たな野党像を提示する

本書では、過去、現在、未来の野党の役割と機能、さらにその多様性を見てきました。これまでの議論をまとめつつ、新たな野党像を最後に提案してみましょう。思い切って概略化するならば、以下のようなものになるでしょう（次ページ表参照）。

まず多くの先進国の戦後期、また五五年体制下の日本では、体制変革を目指す政党が主な野党でした。これが多党制のもとでの「抵抗型野党」です。

野党の３類型

	争　点	動員の範囲	野党性
抵抗型（過去）	対立的	中	高
政権交代型（現在）	合意的	低	低
対決型（未来）	対立的	高	高

これらの野党は、選挙で多数派となるのではなく、一定程度の議席を獲得することで、時の与党の政権運営に緊張感を与えることを目的とします。また、社会における特定の政治的な主義・主張を掲げることで、政治的なマイノリティに形を与え、これらの意見を実現するというより、これを代表しようとする存在です。

こうした野党が一定程度まで支持を集めたのは、マルクス主義に代表される強い世界観（＝世の中はこうあるべき）に裏打ちされているためでした。このため、この政党が問う争点は、妥協や譲歩が難しく、きわめて強度の高いものとなります。これらは、複雑な世の中を勧善懲悪的な構図のもとに単純化してみせる強度の高い争点ですから、対立の構図としては、分かりやすい「対立型争点」に比重を置く野党といえるかもしれません。ただ、こうした世界観を共有していない、大多数の有権者がこの政党に投票することはありませんから、動員の範囲は広いとはいえません。

ちなみに、こうした「抵抗型野党」に対しては、代替案を用意しないから無責任だ、という意見が投げかけられることがあります。しかし、野党の第一義的な役割と機能は代替案を用意することにはなく、何が問題かを社会に知らしめ、どのような解決があり得るのかを、与党とともに考えていくことにあります。極論すれば、権力のない野党は無責任でもよいのです。権力を持つ与党こそが、責任を負わなければならないのです。

英米の二大政党制や、ポスト五五年体制における日本の民主党に象徴される「政権交代型野党」は、これとは異なっています。

この場合、社会の多数派から支持を集めて政権交代することを目的としますから、高い動員力を実現しなければなりません。ですから、争点があまりにも複雑だと、この目的の達成から遠のいてしまいます。強度が高く、あまりにもラディカルな政策は掲げにくくなるのです。ですから、このタイプの野党は、「合意型争点」に比重を置く野党と言ってもいいかもしれません。政権を争う政党は、相手の動きや主張を見て、自身の政策を決める部分もあるため、競争はきわめて流動的になりますが、政権交代が自己目的化しているために、この種の野党が発揮する野党性は抑制されがちです。

†これからの野党とは?

以上が「過去」と「現在」の野党像です。それでは、これまでに見てきた争点と対立軸に照らしあわせて、「未来」の野党は、どのような役割と機能を果たすべき存在なのかを考えてみましょう。

ここでも先の図式を用いるなら、世界はますます多様化し、個人化の度合いを高めており、政治で問われる争点も複雑で専門的なものになっていきますから、争点をあまりにも単純化させてはならないでしょう。

ただ、それと同時に、政治で解決しなければならないことは、ナショナルな次元とグローバルな次元に不可分な形でまたがるようになってきています。国際政治における環境変動、人口動態の変化、科学技術の発展と統御、地方への分配、生命倫理など、これまで当然とされてきた前提が変化しつつある中で、課題を解決するために下さなければならない、いかなる判断や政策も、強い反対を引き起こすことが予想されます。大きな決断を下すということは、それだけ反発も強まりますが、かといって、手をこまねいているだけでは、問題はさらに深刻化しかねません。分断的で論争的な争点にこそ取り組まなければならないという意味では、新たな野党性は、強度の高い争点に対して発揮されることになります。

と同時にそれは、現実の世界を能動的に変革していくような積極性を有していなければなりません。ですから、「抵抗型野党」のように、現状維持を志向する守りの姿勢ではすまされない部分もあります。そのためには、政治的マイノリティを代表するだけではなく、場合によってはそれを多数派へと拡大するような、民意への働きかけを要します。つまり、なるべく不特定多数を動員できる野党でなければならないということです。

これまで政党といえば、民意を過不足なく政治に反映させるための存在だという考えもありましたが、そうではなく、政党自らが民意を作り出す努力をしなければなりません。

強度を備えた争点をなるべく単純化せず、それについての多数派を形成する――「合意型争点」と「対立型争点」を架橋するこの野党像を、ここでは「対決型野党」と名付けておきます。もちろん、こうしたタイプの野党を実現させるのは簡単なことではありませんが、「抵抗型野党」から「政権交代型野党」へと基本形が変化してきて、実際に政権交代という企図が実現した後に求められる理想の野党像とは、このようなものになるのではないでしょうか。

急いで付け加えるならば、「対決型野党」は、「抵抗型野党」「政権交代型野党」と同心円状に重なりつつも、それらを完全に置き換えるものではない、ということです。従来のように、現状変革に抗う抵抗型も、政権交代のためなら融通無碍に立ち位置を変える政権交代型も、政治の世界に存在すべきです。民主主義においては、野党性が複数あればあるほど、その政治は長期的にみて安定していく、という歴史的な法則を忘れるべきではありません。

これまで強調してきたように、民意の残余を汲み尽くすことは、原理的にあり得ません。

それを前提にするならば、野党性は多様であったほうが好ましくあります。

そもそも民主主義とは、共同体の構成員一人ひとりが参加して、共同体の意思として決めたことを自分たちの手で実現していくという、それ自体が非常にフィクショナルな想定に基づく政治のことでもあります。そのフィクション性を現実のものとすることを可能にする余地を常に残しているのも、民主主義の特徴です。民主主義の不確実さを確実なものにするためのツールの一つが野党です。それをどう育てられるか、いかに使いこなすかは、この民主主義を形作る主権者の義務でもあります。

おわりに──「家庭内野党」とは

アメリカの有名なイラストレーター、ノーマン・ロックウェルには「朝食卓での政治議論」と題された作品があります。

スーツを着ている夫は多分勤め人で、ガウンを着ている妻は時代背景からいっても、専業主婦でしょう。犬と猫を飼っているところを見ても、家の作りから見ても、大都市郊外に住む中流家庭に見えます。朝食はダイニングではなくて、キッチンで取るのは、西洋では一般的です。

この夫婦は、キッチンテーブルの下で泣く子供をほったらかしにして、何やら口喧嘩をしています。旦那が手にした新聞で指差しているのは、一九四八年のアメリカ大統領選に共和党の指名候補となったトマス・デューイ。反対に、妻が手にしているのは民主党候補のトルーマンが一面を飾っている新聞です。

大統領選を前に、多くの家庭で見られた光景でしょう。夫は根っからの共和党支持者で、妻は民主党支持者という設定なのかもしれません。あるいは、この時の大統領選では黒人

“Breakfast Table Political Argument”, Norman Rockwell, 1948.

の公民権問題が争点となっていましたから、これをめぐって二人は対立していたのかもしれません。

　この作品を見ると、私は「家庭内野党」を自任する安倍昭恵首相夫人を思い起こさないでもありません。彼女は「周りの人は嫌なことは（首相が）権力を持つとだんだん言えなくなってくる。少しは嫌なことを言ってあげたほうがいい」と言って、政権が進める原発やＴＰＰに反対していることを公言しています（『ＡＥＲＡ』二〇一三年一二月二三日号）。もちろん、最終的には総理たる夫の決断を尊重せざるを得ないと言っていますから、「家庭内野党」たるファースト・レディは、ここでは「抵抗型野党」ということになるでしょう。

　夫と妻の、政治的な意見は同じではない。それでも、暮らしをともにするという一点で、結びついています。お互い考えていること、目指すところは異なっていても、同じ屋根の下で、食卓で面と向かって、子供を前に、思うところを存分に主張し合う――国家の行方をめぐって、国民の前で論戦を繰り広げる与党と野党の姿にも重なるかもしれません。与党は物事を決めるだけの力を持っていますが、野党にはこれに文句をいう権利があり、与党はそれに耳を傾ける義務があります。昭恵さんも、世間の旦那に向かって「是非奥さんの話を聞いてあげてください（略）主人もそう。うんうんとうなずいてはいるけど、私の話をほとんど聞いていない」と嘆いています（『日経トップリーダー』第三七一号）。

こうした「家庭内野党」の存在は、日本なら日本という国を前提として、それぞれが、自分の立場で意見を表明し、民主的な討議を通じて、社会のかたちを変えていくということと通じるところがあると思うのです。つまりは与党のみならず、野党の意見にも耳を傾けたほうが、円満な政治が可能になるのではないでしょうか。

付け加えるとすれば、一九四八年の大統領選は、妻のほうが支持していたトルーマンの勝利に終わっています。そのことを忘れないほうがよさそうです。

【参考文献】

網谷龍介・伊藤武・成廣孝編『ヨーロッパのデモクラシー改訂第2版』ナカニシヤ出版、二〇一四年
飯尾潤『日本の統治構造』中公新書、二〇〇七年
石川真澄・山口二郎『戦後政治史（第三版）』岩波新書、二〇一〇年
岩崎美紀子『二院制議会の比較政治学』岩波書店、二〇一三年
岡澤憲芙『連合政治とは何か』NHKブックス、一九九七年
岡田信弘編『二院制の比較研究』日本評論社、二〇一四年
大嶽秀夫『日本政治の対立軸』中公新書、一九九九年
小野一『緑の党』講談社選書メチエ、二〇一四年
神川信彦「政治からみた人間」、丸山真男編『人間と政治』所収、有斐閣、一九六一年
粕谷祐子『比較政治学』ミネルヴァ書房、二〇一四年
上島貴佳・堤英敬編『民主党の組織と政策』東洋経済新報社、二〇一一年
菊池史彦『「幸せ」の戦後史』トランスビュー、二〇一三年
北岡伸一『自民党』中公文庫、二〇〇八年
小林良彰『政権交代』中公新書、二〇一二年

小堀眞裕『国会改造論』文春新書、二〇一三年
コリンスキー、E（清水望訳）『西ヨーロッパの野党』行人社、一九九八年
佐々木毅編『21世紀デモクラシーの課題』吉田書店、二〇一五年
篠原一編『連合政治1』岩波書店、一九八四年
シャピロ、I（中道寿一訳）『民主主義理論の現在』慶應義塾大学出版会、二〇一〇年
数土直紀編『社会意識からみた日本』有斐閣、二〇一五年
空井護「もう一つの一九六〇年の転換――一九六〇年代日本社会党における野党化の論理」『思想』二〇〇二年二月号
高橋進・安井宏樹編『政権交代と民主主義』東京大学出版会、二〇〇八年
高原基彰『現代日本の転機』NHKブックス、二〇〇九年
建林正彦編『政党組織の政治学』東洋経済新報社、二〇一三年
田中愛治ほか『二〇〇九年、なぜ政権交代だったのか』勁草書房、二〇〇九年
田中彰『小国主義』岩波新書、一九九九年
中北浩爾『現代日本の政党デモクラシー』岩波新書、二〇一二年
――『自民党政治の変容』NHKブックス、二〇一四年
日本再建イニシアティブ編『民主党政権　失敗の検証』中公新書、二〇一三年
ノイマン、S（渡辺一訳）『政党』みすず書房、一九五八年
野中尚人『自民党政治の終わり』ちくま新書、二〇〇八年

――『さらばガラパゴス政治』日本経済新聞出版社、二〇一三年
原彬久『戦後史のなかの日本社会党』中公新書、二〇〇〇年
平野浩・河野勝編『アクセス日本政治論』日本経済評論社、二〇一一年
ベック、U（木前利秋・中村健吾訳）『グローバル化の社会学』国文社、二〇〇五年
前田幸男・堤英敬編『統治の条件』千倉書房、二〇一五年
牧原出『権力移行』NHKブックス、二〇一三年
升味準之輔「一九五五年の政治体制」『思想』一九六四年四月号
マッケンジー、KR（福田三郎訳）『イギリス議会』敬文堂、一九七七年
待鳥聡史『政党システムと政党組織』東京大学出版会、二〇一五年
――『代議制民主主義』中公新書、二〇一五年
宮本太郎『福祉政治』有斐閣、二〇〇八年
――・山口二郎『徹底討論　日本の政治を変える』岩波現代全書、二〇一五年
森政稔『迷走する民主主義』ちくま新書、二〇一六年
薬師寺克行『現代日本政治史』有斐閣、二〇一四年
山口二郎『政権交代論』岩波新書、二〇〇九年
ヤング、J（木下ちがやほか訳）『後期近代の眩暈』、二〇〇八年
吉田徹編『野党とは何か』ミネルヴァ書房、二〇一五年
吉見俊哉『ポスト戦後社会』岩波新書、二〇〇九年

ヨネスク、G、デ・マダリアーガ、I（宮沢健訳）『反対党の研究』未来社、一九八三年
レイプハルト、A（粕谷裕子・菊池啓一訳）『民主主義対民主主義』勁草書房、二〇一四年

Aldrin, Philippe; Lucie Bargel; Nicolas Bué; Christine Pina (eds.) *Politiques de l'alternance. Sociologie des changements (de) politiques*, Ed. du Crocquant, 2016.
Ankersmit, F.R, *Political Representation*, Stanford University Press, 2002.
Dahl, Robert A., (ed.) *Political Oppositions in Western Democracies*, Yale University Press, 1966.
Dalton, Russell J., *Citizen Politics*, CQ Press, 2013
Helms, Ludger (ed.) *Parliamentary Opposition in Old and New Democracies*, Routledge, 2008.
Hendriks, Frank, *Vital Democracy*, Oxford University Press, 2010.
Iversen, Torben, "Class Politics Is Dead! Long Live Class Politics! A Political Economy Perspective on the New Partisan Politics." *APSA-CP Newsletter* 17, 2006.
LeDuc, Lawrence, et al. (ed.) *Comparing Democracies* (4th ed), SAGE, 2014
Lijphart, Arend, *Thinking about Democracy*, Routledge, 2008.
Pempel, T.J., *Uncommon Democracies*, Cornell Univercity Press, 1990.
Rozenberg, Olivier et Erci Thiers (eds.) *L'Opposition Parlementaire*, La Documentation Française, 2013.

ちくま新書
1195

「野党《やとう》」論《ろん》
——何《なん》のためにあるのか

二〇一六年七月一〇日 第一刷発行

著　者　吉田徹（よしだ・とおる）
発行者　山野浩一
発行所　株式会社 筑摩書房
東京都台東区蔵前二-五-三 郵便番号一一一-八七五五
振替〇〇一六〇-八-四一二三
装幀者　間村俊一
印刷・製本　株式会社 精興社

乱丁・落丁本の場合は、左記宛にご送付ください。
送料小社負担でお取り替えいたします。
ご注文・お問い合わせも左記へお願いいたします。
〒三三一-八五〇七 さいたま市北区櫛引町二-六〇四
筑摩書房サービスセンター 電話〇四八-六五一-〇〇五三

ISBN978-4-480-06903-0 C0231

ちくま新書

1181 日本建築入門 ——近代と伝統 五十嵐太郎

「日本的デザイン」とは何か。五輪競技場・国会議事堂・皇居など国家プロジェクトにおいて繰返されてきた問いを通し、ナショナリズムとモダニズムの相克を読む。

986 科学の限界 池内了

原発事故、地震予知の失敗は科学の限界を露呈した。科学に何が可能で、何をすべきなのか。科学者の倫理を問い直し「人間を大切にする科学」への回帰を提唱する。

739 建築史的モンダイ 藤森照信

建築の歴史を眺めていると、大きな疑問がいくつもわいてくる。建築の始まりとは？　そもそも建築とは何なのか？　建築史の中に横たわる大問題を解き明かす！

1023 日本銀行 翁邦雄

アベノミクスで脱デフレに向けて舵を切った日銀は、本当に金融システムを安定させられるのか。金融政策の第一人者が、日銀の歴史と多難な現状を詳しく解説する。

851 競争の作法 ——いかに働き、投資するか 齊藤誠

なぜ経済成長が幸福に結びつかないのか？　標準的な経済学の考え方にもとづき、確かな手触りのある幸福を築く道筋を考える。まったく新しい「市場主義宣言」の書。

842 組織力 ——宿す、紡ぐ、磨く、繋ぐ 高橋伸夫

経営の難局を打開するためには、〈組織力〉を宿し、紡ぎ、磨き、繋ぐことが必要だ。新入社員から役員まで、組織人なら知っておいて損はない組織論の世界。

628 ダメな議論 ——論理思考で見抜く 飯田泰之

国民的「常識」の中にも、根拠のない〝ダメ議論〟が紛れ込んでいる。そうした、人をその気にさせる怪しい議論をどう見抜くか。その方法を分かりやすく伝授する。

ちくま新書

ちくま新書

1146
戦後入門
加藤典洋
日本はなぜ「戦後」を終わらせられないのか。その核心にある「対米従属」「ねじれ」の問題の起源を世界戦争に探り、憲法九条の平和原則の強化による打開案を示す。

1182
カール・マルクス
――「資本主義」と闘った社会思想家
佐々木隆治
カール・マルクスの理論は、今なお社会変革の最強の武器であり続けている。マルクスの実像に迫ることから、その思想の核心に迫る。

457
昭和史の決定的瞬間
坂野潤治
日中戦争は軍国主義の後ではなく、改革の途中で始まった。生活改善の要求は、なぜ反戦の意思と結びつかなかったのか。日本の運命を変えた二年間の真相を追う。

846
日本のナショナリズム
松本健一
戦前日本のナショナリズムはどこで道を誤ったのか。なぜ東アジアは今も一つになれないのか。近代の精神史の中に、国家間の軋轢を乗り越える思想の可能性を探る。

983
昭和戦前期の政党政治
――二大政党制はなぜ挫折したのか
筒井清忠
政友会・民政党の二大政党制はなぜ自壊したのか。軍部台頭の真の原因を探りつつ、大衆政治・劇場型政治が誕生した戦前期に、現代二大政党制の混迷の原型を探る。

085
日本人はなぜ無宗教なのか
阿満利麿
日本人には神仏とともに生きた長い伝統がある。それなのになぜ現代人は無宗教を標榜し、特定宗派を怖れるのだろうか？　あらためて宗教の意味を問いなおす。

744
宗教学の名著30
島薗進
哲学、歴史学、文学、社会学、心理学など多領域から宗教理解、理論の諸成果を取り上げ、現代における宗教的なものの意味を問う。深い人間理解へ誘うブックガイド。

ちくま新書

359
学力低下論争
市川伸一
子どもの学力が低下している!? この認識をめぐり激化した巨大論争を明快にときほぐし、あるべき改革への第一歩を提示する。「ゆとり」より「みのり」ある教育を!

294
デモクラシーの論じ方
――論争の政治
杉田敦
民主主義、民主的な政治とは何なのか。あまりに基本的と思える問題について、一から考え、デモクラシーにおける対立点や問題点を明らかにする、対話形式の試み。

465
憲法と平和を問いなおす
長谷部恭男
情緒論に陥りがちな改憲論議と冷静に向きあうには、そもそも何のための憲法かを問う視点が欠かせない。この国のかたちを決する大問題を考え抜く手がかりを示す。

655
政治学の名著30
佐々木毅
古代から現代まで、著者がその政治観を形成する上でたえず傍らにあった名著の数々。選ばれた30冊は混迷を深める時代にこそますます重みを持ち、輝きを放つ。

722
変貌する民主主義
森政稔
民主主義の理想が陳腐なお題目へと堕したのはなぜか。その背景にある現代の思想的変動を解明し、複雑な共存のルールへと変貌する民主主義のリアルな動態を示す。

984
日本の転機
――米中の狭間でどう生き残るか
ロナルド・ドーア
三〇～四〇年後、米中冷戦の進展によって、世界は大きく変わる。太平洋体制と並行して進展する中東の動きを分析し、徹底したリアリズムで日本の経路を描く。

1005
現代日本の政策体系
――政策の模倣から創造へ
飯尾潤
財政赤字や少子高齢化、地域間格差といった、わが国の喫緊の課題を取り上げ、改革プログラムのための思考を展開。日本の未来を憂える、すべての有権者必読の書。

ちくま新書

1033
平和構築入門
――その思想と方法を問いなおす
篠田英朗
平和はいかにしてつくられるものなのか。武力介入や犯罪処罰、開発援助、人命救助など、その実際的手法と背景にある思想をわかりやすく解説する、必読の入門書。

1050
知の格闘
――掟破りの政治学講義
御厨貴
政治学が退屈だなんて誰が言った？　行動派研究者の東京大学最終講義を実況中継。言いたい放題のおしゃべりにゲストが応戦。学問が断然面白くなる異色の入門書。

1071
日本の雇用と中高年
濱口桂一郎
激変する雇用環境。労働問題の責任ある唯一の答えは「長く生き、長く働く」しかない。けれど、年齢が足枷になって再就職できない中高年。あるべき制度設計とは。

1075
慰安婦問題
熊谷奈緒子
従軍慰安婦は、なぜいま問題なのか。背景にある戦後補償問題、アジア女性基金などの経緯を解説。特定の立場によらない、バランスのとれた多面的理解を試みる。

1122
平和憲法の深層
古関彰一
日本国憲法制定の知られざる内幕。そもそも平和憲法は押し付けだったのか。天皇制、沖縄、安全保障……その背後の政治的思惑、軍事戦略、憲法学者の主導権争い。

1152
自衛隊史
――防衛政策の七〇年
佐道明広
世界にも類を見ない軍事組織・自衛隊はどのようにできたのか。国際情勢の変動と平和主義の間で揺れ動いてきた防衛政策の全貌を描き出す、はじめての自衛隊全史。

606
持続可能な福祉社会
――「もうひとつの日本」の構想
広井良典
誰もが共通のスタートラインに立つにはどんな制度が必要か。個人の生活保障や分配の公正が実現され環境制約とも両立する、持続可能な福祉社会を具体的に構想する。

ちくま新書

659
現代の貧困
――ワーキングプア／ホームレス／生活保護
岩田正美
貧困は人々の人格も、家族も、希望も、やすやすと打ち砕く。この国で今、そうした貧困に苦しむのは「不利な人々」ばかりだ。なぜ？　処方箋は？　をトータルに描く。

683
ウェブ炎上
――ネット群集の暴走と可能性
荻上チキ
ブログ等で、ある人物への批判が殺到し、収拾不能になることがある。こうした「炎上」が生じる仕組みを明らかにし、その可能性を探る。ネット時代の教養書である。

772
学歴分断社会
吉川徹
格差問題を生む主たる原因は学歴にある。そして今、日本社会は大卒か非大卒かに分断されてきた。そのメカニズムを解明し、問題点を指摘し、今後を展望する。

937
階級都市
――格差が街を侵食する
橋本健二
街には格差があふれている。古くは「山の手」「下町」と身分によって分断されていたが、現在もその構図は変わっていない。宿命づけられた階級都市のリアルに迫る。

939
タブーの正体！
――マスコミが「あのこと」に触れない理由
川端幹人
電力会社から人気タレント、皇室タブーまで、マスコミ各社が過剰な自己規制に走ってしまうのはなぜか？『噂の眞相』元副編集長がそのメカニズムに鋭く迫る！

1078
日本劣化論
笠井潔
白井聡
幼稚化した保守、アメリカと天皇、反知性主義の台頭、左右の迷走、日中衝突の末路……。戦後日本は一体どこまで堕ちていくのか？　安易な議論に与せず徹底討論。

1119
近代政治哲学
――自然・主権・行政
國分功一郎
今日の政治体制は、近代政治哲学が構想したものだ。ならば、その基本概念を検討することで、いまの民主主義体制が抱える欠点も把握できるはず！　渾身の書き下し。